퇴사 후 내 일로 성공하기

나는 훌라댄스 강사입니다

나는 훌라댄스 강사입니다

초판 1쇄 발행 | 2024년 1월 30일

지은이 | 김경부
펴낸이 | 김지연
펴낸곳 | 생각의빛

주 소 | 경기도 파주시 한빛로 70 515-501
출판등록 | 2018년 8월 6일 제 406-2018-000094호

ISBN | 979-11-6814-064-6 (03190)

원고 투고 | sangkac@nate.com

* 값 14,500원

* 생각의빛은 삶의 감동을 이끌어내는 진솔한 책을 발간하고 있습니다. 참신한 원고가 준비되셨다면 망설이지 마시고 연락주세요.

나는 훌라댄스 강사입니다

김경부 지음

생각의빛

제1장
나는 훌라댄스 강사이다

퇴직하면 뭐 하고 살지?

퇴직이란 단어는 누구에겐 희망의 단어이다. 직장을 다니면서 퇴사를 여러 번 하려고 했다. 그만두고 싶어서가 아니라 너무 힘들어서 푸념하듯 내뱉었다. 진짜 일을 하지 않는다면 앞으로 5년 후, 10년 후 과연 나는 무엇을 하며 살게 될까 생각할 기회가 되었다. 퇴직하면 고정적으로 들어오는 수입원 없이 살아야 한다. 매일매일 출근하며 살았던 규칙적인 생활도 없어진다. 나는 결국 퇴직을 했다. 회사라는 울타리에서 일했지만 이제 혼자다. 혼자 모든 것을 결정하고 생활을 해야 하는 상황이 되어버렸다. 두 가지 갈림길에서 선택해야 했다. 한 길은 훨씬 넓고 안정적이면서 화려해 보일 수 있는 길이고 한 길은 조용한 오솔길 같은 가도 가도 끝이 보이지 않는 길이다. 나는 스스로 내가 좋아하고 잘하는 것을 하면서 갈 수 있는 좁은 길을 선택했다.

'익숙한 것에서 낯선 곳으로 가는 것을 두려워하지 말자.'

추운 겨울이 지나 따뜻한 봄이 될 무렵, 집 가까운 한강공원 산책을 하던 중 베어진 나무토막을 보았다. 제법 길게 뻗어있는 가지에 아름드리 잎이 자라 마치 누가 가꾸어 놓은 조각 같은 모습이었다. 마른나무 조각에 생명이 사는 것 같았다. 한 가닥이 아니라 여러 가지를 뻗어 자라는 모습도 신기한데 가지 사이사이에 푸르른 잎들이 하늘을 향해 자라고 있었다. 어찌나 푸르른지 한참을 바라보았다. 나무토막 하나가 삶을 어떻게 살아야 하는지 알게 해주는 것 같았다. 풍부한 삶에서 느끼지 못하는 풍요로움을 아주 척박한 땅에서 살아가면서 느끼는 풍요로움을 말하는 것 같았다. 약간의 물과 공기가 전부인 환경에서 푸르름을 유지할 수 있었다.

인생은 내가 마음먹고 내가 어떻게 살아야 하는지가 더 중요하다는 사실을 알게 된다. 누군가 대신 살아주지 않은 한번 태어나 살아가는 삶에 나다운 꽃을 피워봐야 하지 않겠는가? 내가 피워보고 싶은 꽃을 발견했다면 말이다. 아무리 가는 길이 험하고 평탄하지 않아도 내가 원하는 길을 용기를 내 결정했다면 두려움을 이겨나갈 힘이 생길 것이다. 한번도 가보지 않은 낯선 길을 가려 할 때 두려움은 찾아온다.

하지만 나에게 '괜찮아. 잘 될 거야. 이제까지 잘 살아왔잖아' 하며 없던 힘까지 찾아내어 살아갈 용기를 나에게 준다. 분명 나무토막에서 자라난 줄기처럼 큰 나무에서 얻은 안정감만 생각하지 않고 이 환경에서 내가 살아가려면 어찌해야 하는지 보여주고 있지 않은가, 그 푸르름을 잊지 말자고 다짐했다.

인성 지도자 과정을 이수하는 과정에서 한 프로그램에 참석한 적이 있었다. 어느 날 강사님이 모든 사람에게 손바닥만 한 거울을 나누어주면서 자세히 자신의 모습을 보라고 했다. 그리고 얼마 후 거울의 자신을 보며 돌아가면서 한마디씩 하라고 했다. 한 명씩 이야기를 하던 중 내 차례가 되었다. 거울의 나를 보며 "경부야." 하는데 나도 모르게 울음이 터져 나왔다. 거울 속의 경부는 마치 고목 나무같이 삶에 찌들어 점점 나이 들어, 어느새 중년이 되어버린 얼굴로 나를 바라보고 있는 것이 아닌가. 가엾은 여인이 나를 바라보고 있는 느낌이었다. 그리고 말을 이어가질 못하고 "고마워. 이제까지 살아 주어서." 하며 겨우 마무리를 했다. 얼마나 충격적인지 나를 제대로 보지 못하고 살아온 시간이 고스란히 가슴으로 느껴졌다. 그때부터 나는 거울 속의 나에게 다짐을 하듯 다정하게 웃어주었다. 그것이 나를 챙기는 방법의 하나라고 생각했기 때문이다. 내면의 나에게 '안녕'이란 말을 건네면 메아리처럼 들려온다. '잘살고 있어.' 하고 말이다. 그럼 오른손 엄지를 보이며 씩 웃어준다. 그것이 짧은 아침 이벤트이다. 나를 발견하는 것은 어느 순간 찾아오는 것 같다. 그때 나는 선택을 해야 한다. 누구를 위해 살아야 하는지, 누구를 위해 결정해야 하는지 말이다.

20년 가까이 익숙했던 직장생활을 그만두는 것은 두려움 그 자체였다. 과연 잘 살 수 있을까 내가 할 수 있는 일이 있을까? 라고 의심한다. 하지만 한 가지 희망이 있다. 내가 보인다. 내가 나를 응원하며 믿어준 시간을 헤아려보아도 부족하다. 시간이란 기회를 주고 싶다. 누구를 위해서 살아온 인생에서 이제 나를 위한 시간으로 바꾸고 싶었기 때문에 용기라는 친구를 선택했다. '앞으로 어떤 삶을 살고 싶은가?' 생각해보았다. 그리고 나에게 질문했다.

'너의 삶에서 가장 중요한 것은 무엇인가?'

'네가 가장 귀하게 여기는 것은 무엇인가?'

'네가 추구하고자 하는 것은 무엇인가?'

'너의 시간을 누구를 위해 쓰고 싶은가?'

'네가 바라는 것은 무엇인가?'

'너의 노력의 끝은 어디인가?'

'왜 사는가?'

마구 쏟아지는 질문에서 한 가지 발견한 것이 있다. 나에게 물어본 질문에 사랑을 넣어봤다.

사랑, 그것은 주는 것, 마음이 따뜻해지고 평온해지는 것, 환경은 변하여도 식지 않는 사랑만 있다면 물리적인 것으로 대신할 수 없다는 것이다.

곧은 길, 평탄한 길이 아닌 굽어지는 길을 갈 때 많은 에너지가 필요하다. 그것이 나의 필요가 아닌 다른 조건에서든 그 에너지가 고갈될 때, 흔들흔들 중심을 잃을 때 갈팡질팡하는 초조함과 엄습해 오는 두려움으로 무서워질 때도 사랑, 사랑, 사랑. 오래 참고 기다려주는 사랑이면 충분하지 않을까?

'퇴직하면 뭐 하고 살지?'

오래 다니던 직장을 그만둔다는 것은 오랫동안 사귀었던 애인과 헤어진 후의 헛헛함이 남는 것과 비슷한 상태이다. 하지만 노력 여하에 따라 방법적인 것은 찾을 수 있다고 생각한다. 보통 준비없이 그냥 퇴직하는 사람은 없다. 퇴직의 느낌이라는 것이 약간이라도 생겨 미리 무엇을 해야 할지 심적으로 준비하게 된다. 하지만 막상 환경이 바뀌면서 당황할 것이다. 오래도록 익숙했던 것들이 남아있기 때문이다. 옛적의 습관들이 저절로 기억이 난다. 하지만 오래 지속되진 않는다. 왜냐하면, 나 자신을 위해 할 일들이 많으므로 스스로 찾아가는 시간을 만드느라 하루가 생각외로 빨리 지나간다. 어쩜 더 정신없이 지나간다. 단순했던 시간이 더 많은 일정으로 빼곡히 적어가는 다이어리를 넘기면서 생각한다. 앞으로도 나를 데리고 사는 시간이 어찌 보면 누구에게나 주어지는 기회가 아닐 것 같다. 퇴직이란 결단과 함께 찾아온 행운이다. 새로운 것들을 만들어가는 나를 믿어주고 사랑하면 된다. 할 일이 너무 많다. 다시 시작할 수 있는 용기만 있다면 무슨 일이든 할 수 있다. 인생 후반전, 두 번째 인생은 나를 위해 이제 시작한다.

취미로 먹고 살 수 있을까?

노후에 대한 걱정은 끝이 없다. 인생이라는 긴 마라톤의 절반을 살아 온 시점에서 앞으로 어떻게 마무리를 할 것인가? 어떻게 살아야 잘 살 아가는 것인지 항상 숙제처럼 풀어야 한다. 그리고 무엇을 하며 살아갈 것인가 중요해졌다. 앞으로는 내가 좋아하는 일을 하며 좀 느긋하게 여 유 있게 인생을 살아보고 싶은 생각이 든다. 꼭 경제적인 충족만 원하는 것이 아니다. 결국, 행복하게 살아가려면 무엇을 하며 살아야 할까 생각 했다. 분명한 것은 그래서 배워야 한다. 여러 가지 크고 작은 변화를 주 면 그 속에서 발견되는 것들이 있다. 연결되는 것 그것을 하면 된다. 인 생을 살아가면서 무엇이 중요한지 무슨 생각을 하며 살아야 하는지 생 각한다. 즐기면서 좋아서 하는 취미가 이제는 먹고 사는 문제를 해결할 수 있는지 항상 궁금했다. 그래서 방법들을 생각해보았다.

내가 좋아하는 취미로 평생 먹고 살 수 있으려면 어떻게 해야 할까?

첫째, 차별화된 창의력과 직관이 있어야 한다.

창의력이란 새로운 것을 발견하고 만들어 내는 능력을 말한다. 다른 사람들이 성공하고 대중들이 좋아하는 일은 이미 처음 발견한 사람이 무수히 많은 시간을 투자해 연구하고 대중들과 함께 오래도록 해왔기 때문에 사람들 사이에서 누구나 할 수 있는 종목이다. 내가 춤 종목을 선택할 때 오래 할 수 있는 것을 찾았다. 대중댄스 말고 좀 신선한 댄스가 필요했다. 사람들이 많이 하지는 않지만 많은 사람이 할 수 있는 종목을 말이다.

훌라댄스는 우리나라에선 아직 비인기 종목이다. 하지만 이웃 나라에서는 어린아이, 어른이 아주 많이 춤을 추고 있다. 이것은 곧 우리나라에도 좋아하는 춤의 장르가 될 수 있겠다는 가능성이 있었다. 인구비례 노년층이 늘어갈 것인데 건강을 위해 운동을 하거나 춤을 출 수 있는 환경이 많이 만들어질 것으로 확신이 든다. 20년 직장생활을 하면서 비슷한 발레 시장에 대중화를 위해 일해왔다. 전통적인 발레라는 형태에 유아 아이들이 흥미 있을 만한 창의적인 활동프로그램과 영어라는 독창적인 아이템으로 유아 발레 시장의 판을 바꿔놓았다. 그것을 경험한 나는 어떤 한 분야를 대중들에게 보여주려면 꾸준한 노력과 활동의 영역이 필요하다는 것을 실감했다. 아직 성인시장은 걸음마 단계이다. 내가 직접 경험해보지 못한 영역이지만 평생교육사 자격증을 따면서 평생교육의 현장을 이론으로 배워왔고 현장에서 가르치면서 서서히 움직이고 있는 어른들의 학습시장을 피부로 느낄 수가 있었다.

둘째, 진정한 용기가 있어야 한다.

다른 사람들이 선택하지 않은 길을 간다는 것은 대단한 용기가 필요하다. 그 용기의 힘은 확실한 자기 의지가 필요하다. 외롭고 긴 여정이 될 수 있다. 현재의 최고의 월급을 기대할 수도 없고 누군가 손뼉 치며 응원해 주지 않을 수 있다. 그런데도 선택을 한다는 것은 자기 의지가 확고해야 할 수 있다. 잠깐 보는 사람들은 이해하기 힘들 수 있다. 왜 좋은 직장을 그만두고 사서 고생을 하느냐고 한다. 조금만 참고 버티면 안정된 생활을 유지할 수 있지 않을까 말한다. 하지만 인생이란 시간표에서 현재의 시간은 어쩜 아주 짧은 시간일 수 있겠다는 생각이 든다. 결국, 안정된 생활에서 내가 하고 싶은 것을 시간을 쪼개가며 하고 싶은 일들을 접고 참아가며 취미로만 만족하며 살아야 하겠는가? 나에게 물어봤을 때 갈등은 여전히 계속되었다. 그리고 때가 왔다는 생각이 들었다. 그때 나는 선택을 해야 했다. 결국, 나는 나의 인생에서 하고 싶은 일과 좋아하는 일을 하며 살아야겠다는 결정을 했고 퇴사를 결심했다.

셋째, 하나의 일에 열정적이어야 한다.

일에 몰입하면 틈새시장을 찾아내고 최고가 되려고 노력한다. 열정이라는 단어를 좋아한다. 한 번쯤 뜨겁게 살아야 한다고 생각한다. 1도를 올리기 위해 얼마나 노력을 해야 하는지 알고 있다. 처음부터 다시 시작해야 한다는 것은 끔찍한 일일 수 있다. '나는 할 만큼 했어. 이만하면 최고로 열심히 살았단 말이야.'라고 생각할 때 게으름이란 불청객이 찾아온다. 가끔은 필요에 의한 내려놓음은 허용할 수 있지만, 목표도 계획도 없는 시간을 보내는 것 같이 낭비는 없다. 사람들은 돈이 나가는 것은 아깝게 생각하지만, 시간이 흘러가는 것에 대해 감각이 없을 때가 있다. 시간은 돈을 주고도 살 수 없는데 말이다. 어떻게 시간을 보내느냐에 따라 나의 하루가 달라진다. 내가 선택한 일에 몰입하면 길이 생긴다. 그 분야에 전문적인 사람이 되고 최고가 되기 위해 끊임없이 노력하다 보면 그렇게 되고 싶은 내가 되어가는 것이다. 포기만 하지 않고 끝까지 찾아가면 그 과정에서 얻어지는 것이 분명히 있다고 확신한다.

넷째, 내가 좋아하는 취미로 평생 먹고 살 수 있으려면 자기관리에 철저해야 한다.

하고 싶은 일을 찾았는데 할 수 없는 것은 오래 하지 않기 때문이다. 좋아하는 일을 위해 꾸준한 노력이 필요하다. 남들보다 없는 시간을 쪼개서 더 시간을 써야 하는데 그러려면 자기관리가 철저해야 한다. 우선

순위를 맨 처음으로 두고 꼭 필요한 모임 외에는 거절해야 하는 요령도 때로는 필요하다. 취미 생활을 하려면 배우는 교육비, 준비물이 필요하고 투자해야 자기 실력을 향상할 수 있다. 자격증이라도 따려면 그보다 더 몇 배의 노력과 시간과 돈이 필요하므로 시간 관리, 돈 관리가 필요하다. 그래야 오래 할 수 있다. 미래에 투자하는데 아깝다는 생각이 들면 진정으로 좋아하는 일이 아닐 수 있다. 다시 한번 생각해 봐야 한다. 어쩜 배우기 전 단순하게 취미로 배울 것인지 아니면 업으로 배울 것인지 분명하게 정하고 배우게 되면 배우는 마음의 자세가 달라질 수 있다. 먹고 살 수 있는 취미를 만드는 것은 성실하게 꾸준히 오래 해야 하기 때문이다.

취미로 먹고 살 수 있을까? 가능하다고 믿는다. 퇴사하고 프리랜서로 살아보니 내가 생각하는 노후에는 아주 넉넉한 생활은 아니어도 먹고 살 수 있다고 본다. 사람들이 사는 형편과 기준은 다르겠지만 나를 위한 경제적인 자립은 할 수 있을 것 같다. 내가 좋아하는 일을 하면서 다른 것들에 시간을 들이지 않기 때문에 과소비를 줄일 수 있을 것 같고 마음이 가난하지 않을 것 같다. 무엇인가 내가 좋아하는 일을 나누는 것 같이 흥분되고 신기한 것은 없을 테니까 말이다. 물론 새로운 노력이 필요하겠지만 그것도 안 하고 돈을 벌겠다는 것은 도둑심보이다. 다만 나이가 들어서 할 수 있는 에너지는 젊었을 때와는 다를 것이다. 하지만 해

보면 알 수 있을 것이다. 지금 하는 일이 영화 보듯이 또렷하게 볼 수 있고 알 수 있다면 얼마나 좋겠는가? 알 수 없는 앞날을 상상하며 그 길을 가보는 것도 아름다울 것 같다. 내가 만들어 갈 미래의 확신은 무슨 일을 할 때 꾸준하게 오래 할 수 있는 원동력이 될 것이다. 내 취미로 먹고 살 수 있는지 해 보자. 미래는 내가 어떻게 상황을 만들어 가냐에 달려 있기 때문에 최고가 되려고 노력하면 길이 보일 것이다.

넘어질 때마다 생각나는 그것

'늦게 피는 꽃은 있을지언정 피지 않는 꽃은 없다.'

오래도록 내 가슴에 담아두었던 문구이다. 어느 날, 참석한 강연에서 성공한 남편과 아내가 함께 강사로 등장했다. 수많은 실패의 연속에서도 오뚝이처럼 포기하지 않고 또 일어나고 또 도전해서 이제는 남들 앞에서 성공사례를 발표하는 순간이 왔다고 했다. 그리고 마지막 질문 때, 관중석에서 아내에게 물었다. "어떤 힘으로 남편을 끝까지 지지해주었을까요?" 그때 들려준 문구이다. "꽃은 항상 피어나요. 근데 일찍 피는 꽃이 있고 늦게 피는 꽃이 있어요. 그래서 알게 되었어요. 늦게 피는 꽃은 있어도 피지 않는 꽃은 없다는 것을요" 하며 아주 수줍게 이야기하는 생생한 장면이 오래되었지만 기억에 남는다. 그리고 핸드폰 문구에

저장해 두고 가끔 힘들 때마다 들여다본다.

'그래, 아직 내 꽃봉오리는 피려고 준비하고 있구나! 반드시 피어날 거야.'

'나의 일상이 피어나다.'

내가 진행했던 미니챌린지 프로그램 제목이다. 사람들에게 평범한 일상을 특별한 날들을 더해 배우처럼 살아보는 것이다. 소중한 하루를 즐겁고 기쁘게 만들어 주고 싶었다. 다양한 미션을 통해 방법과 효과를 배워가는 과정에서 자신의 의지를 만들어 주는 과정이다. 신청자를 접수받고 매일 새벽 6시에 10일 동안 자기 일상의 변화를 만드는 미션을 주면 신청자는 숙제처럼 따라 하는 챌린지이다.

최고의 모델처럼 최고의 옷차림으로 몸과의 대화를 시도해보기도 하고, 마음에 담아두었던 노래를 가수처럼 불러보는 날도 만들고, 작가처럼 글도 써보면서 좋아하는 책의 한 소절을 음미하는 시간을 갖는다. 댄서처럼 춤을 추기도 하고 어느 날은 자신이 사진작가처럼 풍경을 사진으로 담아보는 것도 해본다. 정성 들여 음식을 만드는 요리사가 되어보면서 찬란한 일상들을 만들면서 나를 응원하고 혼자가 아니라는 것을 의식하게 도와준다. 하루 중 가장 마음에 드는 하루 일을 기록하면서 발표를 한다. 이 챌린지의 목적은 똑같이 주어지는 하루라는 시간을 마음만 먹으면 다양하게 만들 수 있다는 것을 알려주고 싶었다. 나의 의지만 있다면 스스로 얼마든지 행복한 일상을 창조하고 그것에 의미를 두면서 하고 싶은 것을 만들 수 있다는 것을 말이다.

자신이 정말 잘하는 것, 하고 싶은 것, 원하는 것, 좋아하는 것을 알고 있다는 것만큼 행운은 없다고 생각한다. 내가 생각하는 하루는 참 다양했다. 막상 퇴사를 하고 시간이 많아지니까 어떻게 시간을 보내야 하는지 현실이 막막했다. 시간의 창조자가 되어야 했다. 매일 출근하기 위해서 자신을 꾸미고 사람들을 만나며 보내는 시간이 완전히 바뀌게 되었다. 집에서 입었던 옷차림이 전부이고, 먹는 음식 또한 매일매일 고만고만해지면서 달라진 나의 일상에 적응해 가는 과정에서 조금의 충격이 있었다. 그래서 직장 다니면서 할 수 없었던 것들을 더 찾아내서 해보려 했다. 하루의 소중함을 깨달아 가면서 변신을 해보자는 의미에서 만들어진 챌린지는 참가자들이 신선했다는 평을 받았다. 그리고 자신을 잘 표현해주는 것이 고마웠다. 누군가 만든 틀에서 익숙해 있었다면 앞으로는 내가 만들어 가야 한다는 의식을 가지게 될 것이다. 나에게 아직 피어나지 않은 꽃이 과연 무엇일까? 생각하며, 하루의 일상에서 조금씩 조금씩 피어나게 노력한다.

'호시우보'란 단어를 좋아한다. 호랑이처럼 매섭게 현실을 직시하면서도 소처럼 우직하게 한 걸음씩 나아가는 자세를 지칭하는 말이다. 지금은 당장 할 수 없지만 내가 생각하는 목표를 향해 끝까지 포기하지 않고 꾸준하게 내 걸음으로 걸어가다 보면 목적지에 도착할 수 있다. 성장하는 속도는 사람마다 다르다. 때때로 남과 비교하는 순간 자신감이 떨어지고 조바심이 생긴다.

함께 훌라댄스를 배운 동기 중 당당히 서류를 넣고 훌라댄스 강사가되어 지도하는 이야기를 들을 때면 부럽기만 했다. 강사가 되기 위해 이렇게 해야 하고, 저것도 해두어야 한다며 단단히 일러준다. 이야기할 때끄덕끄덕하며 들었지만 한 귀로 듣고 한 귀로 흘려보냈다. 왜냐하면, 배울 때는 회사에 다니고 있었고 이중직이 허락하지 않은 상태여서 무엇인가 구체적인 활동을 시작하기 어려웠다. 그만한 이유가 있었지만 그대로 훌라댄스만 전념하고 활동하는 것을 보면 내가 조금 뒤처진 느낌까지 들 때가 있었다. 그때마다 생각하는 것이 있다. '아직 나의 때가 오지 않았다고 그때가 올 때를 대비하자.' 라고 상기시켰다. 생업을 포기하면서 내가 하고 싶은 것을 쫓을 때는 아니었다. 아직 아이들이 한참공부해야 하는 대학생이었고 나만 위해 살 수 있는 환경은 아니었기 때문에 스스로 나의 미래를 위해 오늘에 충실해야 했다. 언젠가는 내가 좋아하는 훌라댄스만 하면서 연구하고 가르칠 기회는 언제든 만들어질것이다. 그래서 내가 하고 싶은 일에 조바심을 내게 되면 더 할 수 없다는 것을 안다. 다만 그것에 멀어지지 않도록 유지하는 것도 중요한 것같다. 아주 완벽히 등지게 되면 감각이 떨어져 더 자신감이 떨어지기 때문이다.

오래전, 곱게 정리해두었던 예전 워십댄스를 할 때 입었던 드레스를보면서 무척이나 춤을 추고 싶었다. 하지만 할 수 없는 여건이 되니 10

년, 20년 세월이 흘러서 아주 먼 나의 추억이 되고 있었다. 그래서 어느 날 일에 집중하고 싶어서 모두 버렸다. 자꾸 볼 때마다 속상하니까 '이제 나는 춤을 추지 않을 거야. 일에 전념하자.'라면서 마음의 정리를 하고 보이는 그것마저 정리했다. 그렇게 마음의 조바심을 없앴는데 훌라 댄스를 배우면서 또 생각이 났다.

하지만 그때는 내가 미래를 준비한다는 것보단 춤을 출 수 없게 된 상황이 속상했던 것 같다. 똑같이 할 수 없는 것에 연연하기보단 내가 할 수 있는 그것에 집중하는 것이 마음이 편해질 때가 있다. 결국, 지금은 훌라댄스만 할 수 있는 시간이 나에게 오지 않았는가 작은 희망의 씨앗을 마음속에 간직하고 나서 그것을 할 수 없는 상황에 자포자기하기 보다는 기회를 기다리는 것이다. 호랑이처럼 먹잇감을 끝까지 노려보며 지켜보는 것과 같다. 때가 되었을 때 활동할 수 있을 테니까 그러기 위해서는 훈련을 게을리하면 안 된다. 내가 노려본 먹이를 잡으려면 전속력을 다해 뛰어야 하는데 평상시에 뛰는 연습을 하지 않으면 충분히 잡을 수 없고 기회마저 놓치게 된다. 호랑이에게는 그것이 생존이다. 현실이다.

하지만 너무 성급하게 요령을 피우다 보면 오래 할 수 없다. 소처럼 속도는 나지 않더라도 우직하게 자신의 걸음으로 걸어가면 된다. 다른 사람이 내 앞을 먼저 가더라도 아랑곳하지 않고 평정심을 가지고 걸어갈 수 있는 여유가 필요하다. 내가 춤을 추며 살겠다고 결심한 마음을 유지하면서 한 걸음씩 걸어가면 된다.

넘어질 때마다 생각나는 그것은 하루를 잘살아 보자는 것이다. 하루 하루 꽃을 피우듯 일상을 조금씩 조금씩 피어나게 한다. 분명 현재를 단 단하게 만들어 살아가다 보면 미래에 멋진 내가 만들어질 것이다. 미래 에 내가 이루어질 것을 믿음으로 기억하고 희망을 생각하면서 소소한 하루에서 즐거움을 찾으면 된다. 그럼 분명 미래는 생긴다. 소소한 감사 와 경외감이 하루를 살아가는 에너지를 만들고 어려움이 있더라도 이 겨나갈 힘을 준다. 그 하루는 나를 서서히 성장시켜주고 보이지 않는 신 비한 경험을 만들어 줄 것이다. 희망을 생각하자! 우리의 인생에서 반 드시 꽃이 피어날 그 날을 위하여 감사하면서 말이다. 때때로 힘이 들어 넘어졌을 때 잠시 주저앉아 긴 한숨을 내쉬면서 주먹을 불끈 쥐어보자. 오늘도 내일도 반드시 뜨는 태양처럼 환하게 나의 하루는 언제나 환하 게 시작된다.

도전과 실패의 반복

마음속의 결심은 이미 정해졌다. 더는 회사에 다닐 수 없다는 판단이 섰고 보고를 했다. 마음속의 다짐은 강렬했고 이제 뒤도 돌아보지 않고 떠날 수 있는 자신감이 생겼다. 아주 오래도록 내가 나에게 풀어야 할 숙제를 푼 느낌이지만 솔직히 걱정이 앞섰다. 아주 밑바닥으로 떨어진 느낌이었다. 팽팽하게 날아오른 연줄이 끊어지는 느낌이랄까. 혼자서 날아가기 위해 수많은 날갯짓을 해야 한다는 희망과 두려움이 교차했다. 그리고 무엇을 할 것인가 스스로 문제를 해결해야 했다. 홀로서기 위에서 생각해야 했다.

이력서를 썼다. 이십 년 만에 써보는 이력서이다. 훌라댄스를 가르치기 위해 교육 장소를 선택했다. 나이가 적지 않은 현실이지만 서울시에서 운영하는 50~60대를 위한 커뮤니티가 있어서 예전부터 그곳에서 강사 활동을 하고 싶었다. 그리고 동네 가까운 곳에 새로 생겨서 다니기도 좋을 것 같았다. 퇴사할 쯤에 바로 연결되어서 강사를 하면 되겠다는 계산을 하고 강사모집 공고를 꼼꼼히 보며 서류를 챙겼다. 비대면 면접이라 자기소개와 프로그램 동영상을 제작해서 간절한 마음을 담아 보냈다. 퇴사하면 바로 활동할 수 있어 타이밍이 맞을 것 같아 약간의 흥분이 되기도 했다. 새로운 프로그램이니 합격할 거라는 주위의 반응이 고맙고 1~2주 시간이 흘러갈 때 홈페이지의 공지를 기다리고 있는 시간은 초조했다. 내가 선택한 첫 번째 도전 장소이기에 약간의 절박함이 있었다. 그러나 발표 결과에는 내 이름이 없었다. 나는 이 상황을 해결하기 위해 할 수 있는 일은 무엇인지 생각했다.

너무 기대했기에 마음이 무척 무거웠다. 그리고 왜 내가 선택되지 않았는지 궁금했다. 아니, 그곳에 가기 위해 어떻게 해야 하는지 궁금했다. 몇 번이고 홈페이지 내용을 들여다봤지만 이해하기 힘들었다. 그래서 운영 시스템을 듣기 위해서 찾아가서 상담을 받았다. 내가 이력서를 냈던 곳은 신규강사를 발굴하고 사람들에게 무료로 교육을 제공하고 인기강좌가 되면 수업을 개설해주는 과정이었다. 그리고 같은 분야에서 경쟁도 치열했다. 새로 신설된 교육장이다 보니 다양한 댄스프로그램이 있었다. 훌라댄스가 생소하니 인기 있는 프로그램이 먼저 선택되었을 것 같다는 추측이 든다. 그리고 여기 말고 다양한 지점도 있으니 알아보라고 했다. 나는 꼭 하고 싶었다. 딱 1년에 두 번 뽑는 첫 번째 기회를 놓치고 나니 긴 시간을 기다려야 한다는 초조함이 몰려왔다.

이력서를 또 썼다. 이번엔 자세하게 써보았다. 조금이나마 이력서로 나를 어필해야 하니까 자기소개도 더 길게 쓰려고 노력하고 가르친 경력은 부족해도 공연을 한 곳이라도 더 적으려고 예전 자료를 찾아보며 경력사항을 한줄 한줄 늘리려 노력했다. 내가 가르칠 수 있는 교육 장소를 검색하고 이력서를 넣기 시작했다. 마음에는 여유로움이 없어졌다. 절박함으로 하루하루 시간은 참 빨리 흘러갔다. 다행히 메일로 답변을 주는 곳도 있지만 아무런 답변이 없는 데는 일일이 전화를 돌리며 확인하는 수밖에 없었다.

"아직 개설할 계획이 없어요."

"수업이 꽉 차서 다음에 해보세요."

이렇게 퇴사하고 두 달이라는 시간이 흘러갔다. 나는 이대로 강사 활동을 할 수 없는가? 경력이 부족해서 활동할 수 없나 걱정이 앞섰지만 이대로 포기할 수 없었다.

지역에 있는 평생교육관에 강사등록을 해보라는 지인의 권유에 지푸라기라도 잡는 심정으로 서류를 제출하러 갔다. 그날은 태양이 온 땅을 뜨겁게 달구려고 작정한 것처럼 더운 날이었다. 모자를 하나 걸쳐 쓰고 걸어가는 길에 무궁화과의 꽃이 아주 크게 피어 있었다. 어찌나 예쁘던지 입구에 있는 조형물이 행복해 보였다. 엘리베이터를 타려고 기다리는데 전단에 시선이 고정되었다. 신규강사를 뽑는 요강이었다. '누구나 배움학교' 나와 같이 처음 강사 활동을 하는 사람이 지원하는 프로그램이었다. 무조건 도전해야겠다는 생각이 들었다. 하지만 신청조건이 지역주민 7명 이상 있어야 가능하다는 것이다. 회사 그리고 집 이렇게 반복된 생활을 한 나는 지역주민은 한 명도 알지 못했다. 이사 온 지 얼마 안 되는 상황이기도 했다. 꼭 하고 싶은 마음에 방법을 모색하기 시작했다.

그리고 당근마켓이라는 플랫폼을 이용하자는 아이디어가 생겼다. 중고물품을 사고, 팔고 하는 지역 기반 플랫폼인데 많은 사람이 이용한다는 정보를 들은 적이 있다. 혹시 모를 일이니 훌라댄스 동우회를 모집한다고 정성껏 글을 올려 봤다. 오, 이럴 수가! 댓글이 달리면서 희망하는 사람들이 있었다. 함께 모인 숫자는 5명이었다. 그리고 자세한 모임의 취지를 이야기하였더니 가까운 친구를 소개해 줘서 기적처럼 7명이 만들어졌다. 아직도 그날의 첫 만남은 생생하다. 훌라댄스 동우회에 참석하기 위해 첫 만남의 날은 한 번도 만나보지 못한 사람들과 생소하지만 다정했던 시간이었다.

다행히 서류에 통과되어 활동할 수 있게 되었다. 미리 봐두었던 집 가까운 곳의 연습장을 연결하고 무료로 대관할 기회도 얻었다. 꿈만 같았던 시간, 지인들에게 소문이 나면서 17명이나 수료하면서 3개월이란 과정을 즐겁게 마무리할 수 있었다. 나에게는 자신감을 회복시켜주는 계기가 되었다. 훌라댄스를 가르쳐주고 싶은 열망과 도전할 힘을 주었고 실패하더라도 포기하지 않고 여기저기 발로 뛰며 내가 할 수 있는 일들에 집중하면서 다시 할 수 있다는 가능성을 보게 된 것이다. 훌라댄스를 배우기 위해 모여 있는 한분 한분이 너무 감사해서 내가 알고 있는 것을 더 쉽게 이해할 수 있도록 설명해 주었다. 가장 예쁜 하루하루를 만들려고 최선을 다했다.

그 이후로 훌라댄스를 가르칠 기회를 만들려고 온라인에서 가르치는 리더프로그램에 도전해보고 떨어지고 다시 도전해서 리더로 선정되어 활동을 이어갔다. 그리고 몇 개월을 기다려 내가 그토록 들어가고 싶은 커뮤니티에 다시 도전해서 가르칠 기회도 얻었다. 그러고 보니 퇴사하고 내가 도전해서 훌라댄스를 가르칠 수 있는 장소가 하나하나 늘어나는 것이 신기했다. 만약 이력서를 넣고 부를 때까지 기다리고 있었다면 어디 하나 제대로 들어갈 수 없었을 것이다. 가만히 기다리기보다 가서 한 번이라도 더 인사를 나누고 내가 어떤 콘텐츠를 가지고 있고 얼마나 성과를 내고 있고 잘 가르칠 수 있다는 것을 알려야만 기회가 온다는 것을 깨달았다. 다른 교육을 받으려고 가도 자기를 소개하는 시간에 당당하게 내가 가르치는 것은 무엇이고 그것을 위해 어떤 노력을 하고 있으며 앞으로 어떤 강사가 되고 싶은지 틈틈이 말을 했다. 그럼 끝나고 나에게 질문을 한다. 어떻게 하면 그걸 배울 수 있는지 말이다.

인생에서 도전과 실패는 반복된다. 그 사실을 받아들일 때마다 나의 태도는 조금씩 달라졌다. 그 진한 경험이 마음의 짐으로 남기보다 나를 더 성숙하게 하는 발판이 된다고 생각되었다. 중심에 나를 지키는 자존감이 버티고 있는 한 계속된 반복을 견디며 인생을 살아가는 삶을 정면으로 바라보고 살아야 한다. 그렇게 살아갈 자신이 없다면 도전하지 않으면 실패도 없다. 그저 그런 잔잔한 파도에 표류하며 살아가야 한다. 실패가 두려워 아무것도 시도하지 않으면 아무 일도 일어나지 않는다. 그런 인생을 살고 싶은가 소중한 삶이 주어졌는데 허송세월하며 살아가겠는가 말이다. 몇 번이고 나에게 질문을 한다. 무서워하지 말자! 새로운 도전을 만들고 두려움 없이 달려가 할 수 있다는 자신감으로 기회를 만들어야 무엇이든 이루어진다.

미라클 모닝의 힘

'나는 끝까지 나를 데리고 살았어요.'

어떤 할머니의 고백이었다. 어릴 적 할머니는 부모님이 일찍 돌아가셔서 여러 집을 다니며 가사도우미로 일을 했다. 글을 배우지 못해서 나이가 들어 글을 배우며 자신의 이야기를 자서전처럼 썼다고 했다. 그리고 평생을 돌아보니 끝까지 할머니는 할머니 자신을 데리고 살았다고 했다. 수많은 설움이 있었을 것이고 어려움이 있지만 결국 할머니 자신을 절대 포기하지 않고 살아냈다. 그리고 환하게 웃어 보이는 화면 속 할머니의 모습이 아직도 인상에 남는다. 승리자의 여유로움이라고 할까? 인생의 끝자락에서 나는 어떤 고백을 할 수 있을까 잠시 생각에 잠겼다. 나를 데리고 산다는 것은 어떤 의미일까? 늘 곱씹어 보았다.

미라클 모닝은 일찍 일어나 독서나 운동 등의 자기계발을 하는 것으로 아침을 보내는 것을 말한다. 미라클(Miracle 기적)과 모닝(Morning) 즉, 아침의 기적을 만드는 것이다. 평소 일어나던 시간보다 이른 시간에 기상한다는 것은 없는 시간이 생기면서 아침을 여유롭게 시작하게 한다. 아들이 대학에 입학할 무렵 기숙사 생활을 시작했다. 오랜 시간을 멀리 떨어져서 생활한 적이 없는 나는 엄마로서 해줄 것이 기도밖에 없었다. 그래서 새벽기도를 작정하고 매일 매일 예배를 드렸다. 추운 겨울 차에 쌓인 눈 서리를 매일 치우면서, 비가 오는 날에도 그것이 중요하지 않았다. 간절한 나의 마음은 우선순위가 새벽기도가 되었다. 새벽예배를 드리며 묵상을 하는 시간에 수많은 사업 아이디어와 평안과 용기가 나의 일상을 풍요롭게 해주었다. 그 시간을 지키기 위해 이사를 하려고 해도 교회 가까운 곳이 분명한 조건이 되었고 무엇과도 양보할 수가 없는 우선순위가 되었다. 아들이 군대에 가더라도 담대히 마음을 정하고 기도하며, 멀리 떨어져 있는 아들의 안위를 의뢰하고 기도로 함께 했다. 수없이 노력해도 할 수 있는 일이 있고 할 수 없는 일이 있다. 그럴 때 내 능력 밖의 일들은 하늘의 뜻에 맡기는 것이다. 미라클 모닝의 시작은 안전을 바라는 엄마의 마음에서 비롯되었지만, 루틴이 되었고 하루의 기적을 만들었다.

아침에 일어나서 하는 루틴 중 글쓰기가 있다. 1시간 필사하고 1시간 내 느낌을 적는다. 이제까지 네 권의 책을 필사하고 공저 쓰기와 개인 저서를 쓰고 있다. 약 200일 정도 하는 것 같다. 물론 그전부터 책을 읽고 SNS에 내 생각을 적거나 자연을 보며 어떤 생각이 떠오르면 글을 썼지만, 규칙적으로 시간을 정해서 쓰진 않았다. 그런데 글 쓰는 작가가 되어 글쓰기는 나의 일상에 파고들고 있었다. 무엇보다 아침의 글쓰기가 주는 힘은 대단했다. 매일 아침 하는 반복된 행동을 통해 무엇인가 변화하고 있었다. 그것이 무엇일까 생각해보았다.

첫째, 나의 일상을 단단하게 한다.

퇴사하면서 모든 시간의 창조자가 된다. 매일 9시 출근, 6시 퇴근이라는 정해진 시간에서 활동하다가 모든 시간을 스스로 통제해야 한다는 자유로움이 생겼다. 그 자유로움은 어쩜 불안함과 동반된다. 남들과 비교하면서 살아가기 때문이다. 하지만 나만의 길을 나의 스타일로 가야 하는 연습을 하는 과정에서 나는 다행히 글과 함께 보냈다. 책을 그대로 필사를 하거나 내가 생각하는 느낌을 적어나갈 때면 의미 없는 행동을 반복하는 것 같지만 언제부턴가 내 생활을 단단하게 해주었다. 글이라는 것이 어쩌면 나 자신에게 솔직하지 않으면 잘 써지지 않는다. 그래서 내 생각을 정리하면서 단조로운 생활에 단단한 매듭을 지어주는 느낌이 든다. 그래서 하루하루 글을 쓰는 시간이야말로 나를 세워준다. 아무도 방해하지 않는 나만의 아침 루틴은 끊임없이 행복한 시간을 선물한다.

둘째, 매일 매일 새롭다.

책을 읽으며 작가의 생각을 보고 느끼고 따라 해보는 것처럼 흥미로운 것은 없다. 몰랐던 것을 배우는 것도 재미있지만 내가 평소 생각했던 것을 발견했을 때는 어쩜 나와 비슷한 생각을 했을까 하고 신비로운 세상에서 마치 친구를 만난 듯 기뻤다. 다양한 감정을 느끼며 읽어가는 책을 이제 필사를 하면서 배운다. 그리고 매일 오늘은 어떤 이야기를 만날까? 나의 상황에 맞춰진 문구가 나올 때는 줄줄 느낌이 실을 뽑아내듯 나오는 듯하다. 언어를 창조해내듯 내 글쓰기 시간은 파도를 타듯 힘차게 잔잔하게 모험을 떠나듯 흔들리며 전진한다. 얼굴이 빨개지면서 순식간에 몰입해서 글을 쓰고 나면 어느새 마무리한다. 이런 시간이 쌓이면서 하루하루가 똑같아지지 않는다. 실제로 내 생활은 그대로이지만 아침의 시간이 연장선이 되어 새로운 아침을 매일매일 열어간다.

셋째, 친구가 되어준다.

친구란 존재는 내 마음을 열어놓고 오래도록 수다를 해도 지루하지 않다. 같은 공감하는 이야기를 시간 가는 줄 모르고 주거니 받거니 이야기꽃을 피우다 보면 새로운 아이디어가 떠오른다. 나만 그렇게 생각하는 것이 아니었구나, 하며 위로를 받는다. 그런데도 인생을 살아가는 사람들은 어쩌면 다 똑같을 수 있겠다. 겉으로는 멀쩡하게 부족함이 없이 살아가는 듯하지만, 한 가지는 다 고민이 있고 슬픔이 있기 마련이다. 이런저런 말을 두서없이 해가다 보면 속이 뻥 뚫리는 것 같다. 그 친구가 글이 된다. 화려한 미사여구를 넣어 보기 좋게 만들기 위한 글이 아니라 서툴지만, 나의 마음을 담아 써가는 글과 마주 대할 때면 나와 함께 가는 친구가 되어 함께 걷고 있는 듯하다. 아무런 이야기를 하지 않아도 내 시간 속에 고요한 아침 속 그 친구는 조용히 함께하고 있다. 오래도록 변함없이 함께해준 친구가 되어준다.

넷째, 성공하는 하루를 선물한다.

기적과 같은 매일의 아침, 나는 글을 쓴다. 필사하든 글을 쓰든 나는 매일 글을 썼다. 매일 작가가 되어 스탠드의 불을 밝히고 노트북을 여는 순간 기적이 만들어진다. 나의 상상력을 발휘하며 글을 쓰고 있다. 한 문단 한 문단에 들어가는 수많은 글은 어떨 때는 내가 아닌 것 같다. 잠시 어떤 사람이 와서 내 손을 빌려 글을 쓰고 간 것처럼 써놓은 글을 보며 '어떻게 이런 생각을 했을까 아니 그때 그 사건을 이렇게 해석하고 있었네.' 하며 우습지만, 스스로가 감동한다. 대단한 것을 이루어야 성공하는 것이 아니다. 아주 작은 것을 통해 작은 성공들이 쌓여서 큰 힘을 발휘하는 것 같다. 그렇게 기적 같은 하루하루가 나를 성공의 길로 안내한다. 나는 기꺼이 그 길을 걸어가고 있다.

미라클 모닝이 준 힘은 꾸준하게 하는 동력을 제공한다. 올바른 방향을 가고 있는지 올바른 현명한 선택을 하며 가고 있는지 확인시켜주는 것이다. 하루의 작은 성공으로 보람을 느끼며 매일 아침 위대한 시간을 통해 나를 일으키고 나를 확인시켜준다. 매일의 의미를 찾고 지속할 수 있게 행하고 꾸준히 나를 들어 올리는 일이 미라클 모닝을 통해 이루어졌다. 인생의 주인공은 나다. 주인공은 의식적으로 삶의 흔적들을 강물이 흘러가듯 자연스럽게 내 살아가는 시간에 만들 수 있어야 한다. 모두가 똑같이 주어진 시간에 얼마나 보람 있는 흔적들을 만들 것인가? 그선택은 오로지 나의 몫인다. 꿈을 품고 있지만 꿈을 이루어지도록 생산적인 습관을 쌓아보자. 끝까지 나를 데리고 살아가는 꾸준한 힘은 나만의 시간을 통해 만들어진다.

결단이 삶을 바꾼다

　리더로서 결과를 만들려면 통찰력을 가지고 미래를 예측해야 하고, 결단력을 가지고 해야 할 일을 실행하며 지속 가능한 미래를 준비해야 한다. 리더의 역할이 얼마나 중요하고 영향력이 절대적인지 알 수 있다. 리더는 좋은 조직을 만들려고 노력에 최우선적인 가치를 가지고 책임 있는 행동을 해야 한다. 반면에 한 개인이 좋은 삶을 유지하려면 마찬가지로 어떤 것이 필요할지를 생각해본다. 자기 자신을 잘 운영하려면 자신에게 필요한 것을 찾아가는 과정이 절대적으로 필요하다. 탁월한 개인이 되기 위해서 무엇이 필요할까?

　탁월성을 갖추기 위해서 내가 좋아하는 것, 하고 싶은 것이 무엇인지 알아야 한다. 자신이 좋아하는 것을 알고 있는 사람은 행운이다. 보통은 직장을 다니면서 시키는 일을 하며 일생을 살아온 사람들이 직장을 나와 방황하게 된다. 어디에 다니는 누구인가 명함 속의 내가 전부라고 생각하다가 그 안에 있는 나만 남겨졌을 때 자신의 실체를 그제야 보게 되는 것이다. 본인의 민낯을 보게 되면서 더욱 자존감이 떨어지고 우울해진다. 하지만 자신이 좋아하는 것을 이미 안 사람은 다르다. 자신의 보호막이 없어져도 그 안에서 오랜 시간 영양을 주고 키워왔던 자신의 힘으로 껍데기를 벗고 스스로 날갯짓하려고 반복적인 노력을 하느라 정신이 없을 것이다. 그것이 무슨 차이일까? 알고 있는 것과 모르고 있는 것의 차이이다. 평소에 내가 좋아하는 것이 무엇이며 하고 싶은 것이 무엇인지 질문을 해야 한다. 그리고 그것으로 오래 할 수 있는지 생각해야 한다. 시간이 많으면 이것도 해보고 저것도 해볼 수 있는 여유가 있을 테지만 중년이란 나이는 조금 조바심 나게 한다. 그렇다고 도전을 하지 말라는 것은 아니다. 배움이란 평생 해야 한다. 그렇지만 하루라도 더 빨리 알았다면 여기저기 기웃거리는 시간을 줄일 수 있겠다. 홀라댄스를 가르치며 사람들을 만나면 제일 많이 하는 질문이 "어떻게 이것을 알게 되었어요?" 그리고 "좋아하는 일을 하고 있어 부러워요."라는 이야기를 한다. 내가 하고 싶은 일, 한 가지에 몰입하면서 더 좋아지는 것을 알 수 있다.

탁월한 개인은 열정으로 일할 수 있는 뜨거운 가슴을 가져야 한다. 무엇인가를 몰입해서 할 수 있는 일이 있다는 것은 행복하고 다행이다. 누군가를 위해서 뜨겁게 열정 다해서 할 수 있다는 것은 다른 누군가를 위한 일이지만 얼마나 보람된 일인지 경험을 하면 느낄 수 있다. 나에게 돌아오는 것은 만족감이 찾아온다. 직장을 다니면서 느끼지 못하는 새로운 경험을 하며 다른 세상을 알아가는 중이다. 누가 시켜서 하는 일이라면 이렇게 열심일 수 없다. 한번 태어나서 뜨겁게 누군가를 위해 일을 할 수 있다는 것이 있고 그 뜨거움으로 인해 만족을 줄 수 있다는 것이 서로에게 선순환이 되는 것 같다.

자신의 강점을 최대한으로 끌어올리기 위한 열정을 자신에게 계속해서 심어주어야 한다. 지치지 않게 용기를 주며 할 수 있다는 마음으로 꾸준히 할 수 있도록 힘을 실어주는 것이다. 세상에서 가장 두려운 것은 눈이 있어도 아름다운 것을 볼 줄 모르고, 귀가 있어도 아름다운 소리를 듣지 못하고, 마음이 있어도 참된 것을 이해하고 감동하지 못하며 가슴의 열정을 불사르지 못하는 것이 아닐까? 한번 태어나 내가 할 수 있는 일을 한 번이라도 뜨겁게 해 본 경험이 있는가? 그 뜨거움이 나뿐만 아니라 다른 사람도 뜨겁게 만들 수 있는 것이 있다면 열과 성의를 다해 살아보는 것도 나쁘지 않다고 생각한다. 후회 없이 살아갈 수 있는 열정이 식지 않도록 말이다.

탁월한 개인이 되기 위해 또한 두려움을 이길 수 있는 용기를 선택하고 그것을 믿어야 한다. 등산동우회에서 '지리산'에 간다고 발표를 했다. 사람들이 좋아 산에 갔지만 해박한 지식은 없어서 얼마나 높은 산인지 감이 오지 않았다. 우리나라 3대 산중 한라산, 지리산, 설악산이 있는데 그중에 하나이고 천왕봉까지의 높이는 1,696m이고, 왕복 10시간 이상이 걸리는 산이라고 한다. 이번 기회에 도전해보자 나의 한계를 이기고 내가 끝까지 할 수 있다는 것을 증명해보자는 마음으로 신청을 했다. 퇴사 직전이기에 나의 마음은 앞으로 갈아갈 나에게 기대를 걸고 싶었다. 가장 높은 산이라고 하니 더 좋은 경험이라는 생각이 들었다. 마음을 먹고 평소에 연습해야 한다기에 동네 아차산을 오르기만 했다. 지리산 오르는 당일 버스를 타고 새벽에 도착했다. 산행을 위해 랜턴과 스틱을 준비하면서 말 없이 흐르는 시간은 두렵고 비장함이 교차했다. 차 안 공기에서 벌써 압도되는 기분이 들었다. 어둑어둑한 앞이 보이지 않은 길을 두려운 마음으로 오르고 올랐다. 한 2시간쯤 올라갔을 무렵 심장이 두근거리고 다리가 뻐근하여 정상은 힘들겠구나 하는 생각이 났다. 더는 못가겠다 하는 찰나에 조금 쉬고 가자는 사인이 나오면서 숨을 돌렸다. 다행히 또다시 올라갈 힘이 생기는 것이다. 이 상태를 반복하다 보니 정상 가까이 오게 되었다. 그 정상은 매섭고 추웠다. 정상의 위엄을 그대로 느끼게 해주었다. 나는 세상의 모든 것을 가진 것처럼 두 손을 번쩍 들며 정상에서의 기쁨을 만끽했다. 하지만 하산의 어려움은 까마득히 몰랐다. 올라갈 때는 기필코 정상에 가야겠다는 일념이 나를 올라가게 하는 힘이 생겼지만 하산할 때는 느낌이 달랐다. 돌계단을 내려가도 끝이 없는 외로운 싸움이 시작되었다. 일행이 천천히 나를 기다려주는 것도 너무 미안했다. 다리 힘이 다 풀린 상태에서 안간힘을 다해 내려왔다. 12시간이 걸린 산행은 나에게 너무 많은 것들을 깨닫게 해주었다. 하지만 후회하지 않는다. 산 정상을 무사히 완주했기 때문이다. 어떤 결정을 하고 나서 나 자신을 믿는다는 것은 또 다른 용기를 준다. 두려움 속에서도 웃을 수 있는 여유가 생기는 것이다. 물론 결정을 할 때 많은 생각을 해야겠지만 가능한 일이라면 무조건 할 수 있다는 마음으로 노력을 하면 못할 일이 없다고 믿는다. 나 자신에게도 그런 능력이 있었구나 하는 다시 나를 믿어주는 반복된 경험은 더욱 나를 성장하게 해주었다. 이제 이 작은 나의 경험은 평생 잊히지 않을 나의 모험담이 되었다. 지리산도 갔다 왔는데 실제로 다른 산을 대할 때 뭔가 다른 자신감이 생긴다. 그 마음으로 다른 것들도 도전할 수 있는 용기가 생겼다.

결단이 삶을 안전히 바꾸어 놓았다. 좋아하는 일을 선택했기 때문에 열정적이고 하나의 일에 집중할 수 있다. 일에 몰두하다 보면 자신이 할 수 있는 일들이 자꾸 만들어지고 연결 지어져 성장한다. 편한 길을 갈 수 있는데 왜 어려운 길을 가려고 하느냐고 물을 것이다. 가슴이 시키는 일은 절대 후회하는 법이 없다. 누군가의 소리에 귀 기울이기보단 자신이 가고자 하는 길을 가겠노라고 결단을 하고 나면 다른 세상이 보이게 된다. 문이 닫힌다고 두려워하지 말자. 다른 문이 반드시 열린다는 마음으로 열정으로 살아보자. 무엇이든 하루아침에 이루어지는 법은 없다. 계속해서 꾸준하게 시간과 정성을 들여 자신에게 기회를 주는 연습이 필요한 것이다.

훌라댄스는 나의 운명이다

'오! 나의 훌라댄스.'

훌라댄스를 만나지 않았다면 나는 지금 어떻게 살고 있었을까? 두 번째 나의 인생을 풀어가는 열쇠가 되었다. 어렸을 때부터 음악에 맞추어 율동을 하면서 춤을 춘 기억이 난다. 앞에 나와서 암기한 동작들을 시범으로 보여주며 사람들이 따라 하는 식의 훈련이 자연스럽게 되었다. 그리고 막연하게 나는 춤을 좋아하는 사람이라는 생각을 하게 되었다. 그렇지만 현실은 어느 한 가지만을 위한 삶을 원하지는 않았다. 오래도록 전철을 타고 종착역에 내려 환승구을 올라갈 때 환하게 비추는 따스한 햇볕처럼 훌라댄스는 나의 인생에 한 줄기 빛이 되었다. 실질적으로 살아가는 현장에서는 경제적인 현실이 더 중요했기 때문에 잠시 내려놨던 그 꿈의 형태가 훌라댄스라는 춤으로 내게 온 것이다.

굴곡이 없는 인생은 없다. 대학을 갓 졸업하고 어린 나이에 나는 결혼을 했다. 좋아하는 사람이 생겼고 함께 하고 싶은 마음에 하게 되었다. 나는 목회자의 아내가 되었는데, 그것은 몹시 어려운 생활을 자처한 것이었다. 부모님의 반대가 있었지만, 나의 고집을 꺾을 수는 없었다. 결혼 이후 생전 처음 경험하는 사건들이 내 앞에 펼쳐졌다. 신혼집을 돈한 푼도 받지 못하고 쫓겨나는가 하면 태어나 한 달도 못살고 갓난아이를 하늘나라로 보내야 했던 일들 그만큼 가슴 아픈 일들이 순식간에 연거푸 일어나는데 26살의 철없는 나는 그대로 받아들여야 했다. 지금 생각하면 어려서 살아냈던 것 같다. 왜 나에게 이런 어려움이 생기는지 그때는 생각할 겨를이 없었다. 살아가야 하는 현실이 더 절박했다. 그래서 살아가는데 근성이 생기고 생활의 전선에 들어갈 수밖에 없었다. 내가 꿈꾸는 것은 잠시 접어두어야 했다. 그땐 영원히 꺼낼 수 없었을 것 같았다. 40이 넘어버린 나이에 마음속에 간직했던 춤을 추고 싶은 욕망을 들켜버렸다. 유튜브의 한 영상을 보고 꾹꾹 눌러두었던 내가 하고 싶었던 일이 자꾸 생각을 깨뜨리는 것이다.

미래를 위한 나의 꿈은 나누는 것이었다. 내가 좋아하는 것을 알았다면 그것을 내 인생에서 어떻게 삶에서 최고의 목표를 정하고 그것을 할수 있을까 고민했다. 그리고 내가 좋아하는 것으로 남을 도울 수 있다면 최고의 인생이 될 것 같았다. 내가 훌라댄스를 선택한 이유는 '날마다 춤을 추면서 즐기고 성장한다는 것'이었다. 그 모습을 그대로 유지하면서 누군가를 가르치는 것을 선택한 것이다. 처음에는 훌라댄스를 하면서 잠시 복잡한 현실을 환기하면서 나를 도와주는 춤으로 가볍게 생각했지만, 이 좋은 것을 다른 사람들도 춤추게 할 수 있게 해주면 좋겠다는 생각으로 변하기 시작했다. 그리고 더 본격적인 훌라댄스의 배움의 길을 선택했다.

훌라댄스로 두 번째 인생을 결정할 때 가장 두려운 것은 주변 사람들이었다. 잘 다니는 직장을 그만두고 춤을 추면서 어떻게 생활을 할 수 있으며 그렇게 할 수 있는 실력이 되는지 누구든 만나면 이야기할 것 같았다. 그 시선에서 벗어날 수 없었다. 그것은 아무것도 되어있지 않는 상황에서 나 자신도 하루에 여러 번 검은 구름이 앞을 막아설 때 '그래도 해야겠니?' 하며 질문을 했다. 문득 드는 실패에 대한 두려움이 외부가 아닌 내 안에서 만들어지니까 바라보는 사람들의 시선에서 두려움을 이기려고 나 스스로 노력했다. 하지만 그것에 내가 괜스레 신경을 쓰다 보면 하고자 하는 일도 할 수 없겠다는 생각에 무엇을 증명하려 하지 말고 하루하루를 즐겨야겠다는 생각을 했다. 삶이 다른 사람들의 시선에서 갇히게 되면 자유롭게 자신의 운명을 만날 수 없다. 내가 할 수 있는 일이 있다는 것으로 행복한 일이다. 사람들로부터 인정받고 싶은 마음에서 자유로워야 한다.

가장 소중한 가치를 지켜나가야 오래 할 수 있다. 단순히 좋아하거나 잘하는 것으로 돈을 벌 수 있다는 것으로 충분하지 않다. 왜냐하면, 좋았던 일이 싫어지거나 하고 싶었던 일도 갑자기 하기 싫어지는 경우도 생긴다. 나보다 더 잘하는 사람을 만나는 순간 좌절하게 되는 경험이 있을 것이다. 인생에서 성공이 삶의 기준이 되기 시작하면서 자신도 모르는 사이에 남들과의 비교가 시작되면서 나보다 잘하는 사람 앞에서 주눅이 들게 된다. 그래서 피나는 노력으로 도전하게 되고 끊임없이 이어지는 더 높은 도전들 앞에서 결국은 지치거나 쓰러지게 된다. 내가 원하는 소중한 행복을 누릴 수 없이 경쟁하며 무의미한 도전을 반복하는 것이다. 내가 가장 소중히 여기는 가치는 무엇일까 물어봐야 한다.

내가 원하는 만족은 내가 느낄 수 있는 기쁨은 어디에서 오는 것일까? 소중한 것을 지키는 힘은 감사하는 생활이다. 할 수 없는 일들이 내 시선을 가로막았을 때 벗어나는 길은 내가 가지고 있는 것들을 하나하나 꺼내어 감사하는 것이다. 훌라댄스를 하게 되어 규칙적으로 몸을 움직일 수 있는 것은 행복이다. 자신에게 맞는 운동을 찾는 것은 행운이다. 훌라댄스를 배우며 또 내 삶에 일부가 되면서 나는 또 다른 경험을 한다. 이 세상에 많은 감정이 있는데 사랑만큼 아름다운 것은 없을 것이다. 사랑의 감정들을 흔들리는 파도처럼 몸을 좌우로 흔들며 절제하듯 간결한 손놀림과 세상을 다 가진 미소를 하며 느낀다. 자연의 일체감, 아름다운 음악에 빠져들면 그 자체가 힐링이다. 형형색색의 탐스러운 꽃장식과 의상들은 더욱 매력적인 요소들이다. 훌라댄스라는 매력적인 춤을 출때 춤이 담고 있는 아름다움에 흠뻑 빠져서 한 단계, 한 단계 다 들어간다. 하와이 음악이 주는 신선함은 마치 하와이의 정서와 시원함을 담고 있는 알로하 정신의 따뜻함이 느껴진다. 의미를 음미하며 흥겹게 추는 훌라댄스는 아름다운 운동이다.

나에게 운명처럼 찾아온 것은 훌라댄스이다. 다르게 보면 다르게 살 수 있다. 많은 사람이 가지 않은 길이라도 내가 만들면 길이 될 수 있다. 소수의 사람이 즐기는 춤이지만 내가 발견한 가능성에 확신이 있다면 즐기면서 성장하는 것이다. 주위의 시선에 아랑곳하지 않고 내가 가고자 하는 대로 자유롭게 꿈을 펼치면 된다. 내가 가지고 있는 가치를 남을 도와주는 일로 인생을 살아가는 행복한 길을 왜 마다하겠는가 그 길을 걸어가고 있는 사람들이 없다면 내가 먼저 걸어가는 사람이 되면 되지 않겠는가? 아무도 대신해서 결정해 주지 않는다. 아무도 대신해서 살아주지 않는다. 아무도 대신 꿈을 꿔주지 않는다. 나의 미래는 내 손에 달려 있다. 충분히 누리고 기뻐하면서 기회를 찾으면 된다. 할 수 있다. 훌라댄스라는 운명적인 만남이 내 인생의 길에서 어떤 모습으로 만들어질지 참으로 궁금하다. 혼자가 아니여서 감사하다. 처음 가는 길이 낯설지만 점점 강해지고 익숙해질 것이다. 내게 찾아온 훌라댄스라는 매력적인 동반자와 어깨를 나란히 하며 앞으로 걸어갈 일만 남았기 때문이다.

제2장
훌라댄스를 통해 내가 배운 것들

힘을 빼야 고수다

'생활의 달인'이라는 TV프로그램에서 어떤 경지에 오르는 사람들을 본다. 한 분야에서 일하면서 오랜 시간을 부단히 노력한 사람들이다. 끊임없는 반복된 생활에서 자신만의 방법과 열정을 가지고 살아가는 사람들이 나온다. 보통사람들도 열심히 살아가지만, 여기에 나온 사람들은 조금 다르다. 자신만의 경지에 올라서 무엇인가를 아주 열심히 한다. 특별하다는 것은 자신만의 다름이 있다는 이야기이다. 한 분야에서 뛰어난 기량을 발휘하며 만든다는 것은 그것에 올인하면서 많은 생각에서 나온 독창적인 아이디어가 있다. 그리고 수없이 많은 반복을 통해 자기화시키는 것이다. 훌라댄스의 세계도 예외는 아니다. 훌라댄스를 하면서 높은 경지에 이른 사람을 만나는 것은 정말 행운이다.

홍콩에서 워크숍이 있어 참석했다. 일본, 인도네시아, 중국 다양한 나라에서 온 사람들이 모여 준비한 아름다운 훌라댄스를 무대에서 선보이는 시간이었다. 우리 팀도 수개월 동안 함께 모여 준비를 한 터라 기대가 되었다. 주황과 초록의 그라데이션이 조화로운 벨벳 드레스를 입고 화려하고 커다란 백합꽃을 머리에 장식하고 긴장된 순간을 기다렸다. 커다란 야외무대가 준비되었고 그 외 각각의 부대시설에 볼거리와 체험하는 부스에서 다양한 프로그램을 진행했다. 훌라댄스를 체험하는 시간도 있었고 훌라댄스의 다양한 물품들을 판매하기도 했다. 아직도 그때 산 티셔츠를 간직하고 있다. 우리 팀은 무사히 무대에서 공연을 마치고 특별 공연이 있어 아주 마음이 편한 상태에서 벤치에 앉아 즐길 준비를 하고 있었다. 하와이 현지에서 온 쿠무의 공연이 있기 때문이다. 전통 계승자이며 마스터, 훌라댄스에 능통하면서 가르치는 선생님을 쿠무라고 한다. 영상에서 보았던 선생님을 내 눈앞의 무대에서 춤을 추는 모습을 본다는 것만으로 황홀했다. 그때 내 머릿속에 떠오르는 단어는 춤이 물이 흐르듯이 너무 자연스러웠다는 것이다. 나이가 있어 구부리는 자세는 하실 수 없지만, 손동작의 부드러움과 자연스러운 연결 동작들이 무슨 거대한 에너지가 흐르는 느낌이 들었다. 곰곰이 생각했다. '어떻게 할 수 있을까? 무엇이 다르길래 선생님의 춤은 아주 많이 애쓰지 않는 것 같은데 표정과 손동작이 착착 맞는 것일까?' 생각을 해보았다.

그것은 힘을 빼는 것이다. 힘이 들어간다는 것은 무의식 속에 자신이 포함되어있다는 것이다. 잘하고 싶은 욕심, 관객을 의식하는 마음, 무언가 복합적인 마음들이 몸을 경직하게 만든다. 그래서 마음에 온전히 노래를 담지 못하는 것이다. 그 속에 내가 너무 많이 담겨 있으므로 나를 통해 만들어지는 표현은 허상이 되는 것이다. 춤을 추는 사람을 통해 그 가사에 담긴 뜻을 찾아야 하고 그 표현이 직접적인 전달이 될 수 있는 에너지를 만들 수 있다. 수없이 많이 반복하면서 선생님은 그 동작에 자연스럽게 그 가사와 음악이 주는 메시지를 담을 수 있었을 것 같다. 높은 경지에 오른다는 것은 힘을 빼야 한다는 것을 그때 정말 많이 느꼈다. 그리고 어떤 마음으로 춤을 추어야겠구나 하는 생각을 하게 되었다.

그럼, 힘을 빼려면 어떻게 해야 할까? 훌라댄스를 대하는 마음부터 정리했다.

첫째. 겸손해야 한다.

무엇인가를 많이 알 때는 겸손해진다. 하지만 조금 알면 거만해진다. 한 가지 사실을 깨닫고 그것이 전부인 양 떠들어대는 사람처럼 어리석은 사람은 없다. 나는 그것도 용기라고 본다. 세상은 참 많이 변화하고 많은 것들을 배워야 한다. 조금 알 것 같은 데 또 달라진 세상을 쫓아가는 것도 버거울 때가 있다. 이쯤 하면 되지 않나 하고 생각할 때쯤 또 다른 세상이 보이게 되는 것이다. 그러면서 하나 더 추가해서 배우게 된다. 왜냐하면, 이미 배움의 즐거움을 알고 있으므로 호기심이 생긴다. 그렇게 배우다 보면 전의 나와 많이 달라져 있는 것을 알 수 있다. 실력이라는 것이 시간 차이라고 하지 않는가? 조금의 틈이 점점 벌어지면서 깊이 있게 빠져들어 가다 보면 나도 모르는 사이에 성장하고 있다. 내가 알고 배우고 있는 사실이 행복하다. 그럴 때 내가 꼭 가지고 있어야 할 마음 자세는 겸손이라는 것이다.

자세를 낮추고 쥐죽은 듯이 살라는 것은 아니다. 나보다 남을 좋게 보는 것이다. 항상 배울 것이 생긴다. 누구를 만나든 나에게 생각할 기회를 만들어주고 나를 성장할 수 있는 도전을 알게 해주고 배우게 되는 것이다. 겸손해야 배우게 된다.

둘째, 많이 반복해야 한다.

좋아하는 것도 계속하면 지루하게 된다. 익숙하다는 것은 무의식 속에서 반복되는 과정일 것이다. 그것에 그냥 노출하다 보면 실증을 느끼게 된다. 그래서 내가 하는 방법은 목표를 정하고 반복하는 것이다. 훌라댄스 공연을 참석할 기회가 생겼다면 나는 100번 연습하고 무대에 서겠다는 생각으로 남은 시간을 계산에 하루 연습량을 정한다. 그리고 하루하루 내가 약속한 것을 지켜나가는 과정을 다른 사람에게 발표한다. 다른 사람들이 알고 있는 한 그것을 다 마무리하고 싶은 결심이 생긴다. 그럼 그것을 달성하는 과정이 즐겁다.

많이 반복하면 좋은 점은 그 동작을 하면서 좀 더 섬세해지는 것을 느낀다. 동작을 암기하는 것은 기본이고 감정을 표현하는 것에 자유로움이 생긴다. 하지만 연습은 해도 끝이 없는 것을 느낀다. 많이 반복해야 한다는 것은 진리이다.

셋째, 절제해야 한다.

배움에 있어서 가지치기를 잘해야 한다고 생각한다. 시간은 한계가 있는데 이것도 저것도 마구잡이로 배우다 보면 정작 남는 것은 정리가 안 된 목록이다. 내가 잘할 수 있는 것 좋아하는 것을 찾았다면 깊이 있게 몰입할 수 있는 것을 선택해야 한다. 남들이 한다고 해서 따라 하다 보면 자신에게 맞지 않는다는 것을 뒤늦게 발견한다. 사실 욕심이라는 것은 좋을 때가 있지만 자신에게 적당한지 분별하면서 선택하는 것은 중요한 것 같다. 그래서 절제해야 한다는 것이다. 무척 어려울 때가 있다. 나만 안 하면 바보 되는 느낌이 들 때도 있다. 우리는 주변 사람들에 의해 배우는 것이 참 많다. 그래서 시선이 그곳에 머물 때가 있다. 하지만 때가 되면 되는 것을 지금 당장 해야 한다며 조바심을 가질 때가 있다. 이것도 절제가 필요하다. 남 따라 하다가 가랑이 찢어질 때가 있다. 분명 자신이 하고자 하면 언제든 기회는 온다. 다만 자신이 선택한 길을 부단히 노력하면 반드시 찾아지고 발견되고 그 속에서 보물을 발견하게 된다. 그런 희망은 모두의 가슴에 있지 않은가? 할 수 있다는 자신감이 도와줄 것이다. 내가 가야 할 길에서 해야 할 일들로 자연스럽게 가지치기를 해줄 것이다.

어떤 분야에서 실력이 아주 뛰어난 사람은 힘을 뺀다. 힘을 뺀다는 것은 자신을 버린다는 것과 같다. 무의식 속에서 자신을 드러내려고 하면 힘이 들어간다. 나를 자랑하고 싶은 마음이 들기가 무섭게 관객의 의식을 관찰한다. 그리고 그들의 눈치를 보게 된다. 자신의 뚜렷한 의지가 명확하면 흔들림이 없다. 하지만 그것이 두려워지면 자신의 색깔을 요리조리 바꾸려 한다. 왜냐하면, 자신의 힘이 들어가는 순간 자신의 한계가 노출되는 것이다. 그래서 그들의 평가가 무서워진다. 고수는 다른 사람들의 시선은 신경을 쓰지 않는다. 자신만의 춤 세계를 마음껏 펼친다. 그것은 경지에 오르는 사람만 자신의 확실한 길을 보여줄 수 있다. 무단한 노력의 흔적인 것이다. 얼마나 아름다운가?

비워야 채워진다

'배우기를 멈추는 사람은 스무 살이든 여든 살이든 늙은이다.

계속 배우는 사람은 언제나 젊다.

인생에서 가장 멋진 일은 마음을 계속 젊게 유지하는 것이다.'

헨리포드는 말한다. 배우는데 마음을 다하고 열심일 때 하는 생각이
있다. 이렇게 공부했다면 서울대에 갔을 것 같다는 표현들을 많이 한다.
배우는 즐거움을 알기에 누가 시키지 않아도 찾아서 공부한다. 그만큼
활력소를 제공해준다. 내가 알지 못했던 것들이 이렇게 많이 있었구나
하며 다양한 앎의 세계에 빠져들어 가는 것이다. 훌라댄스를 배울 때도
함께 배우는 사람들의 눈빛에서 서로 다른 교감을 느낀다. 내가 배우는
즐거움을 느끼며 배우듯, 하면 할수록 알고 싶다는 호기심이 생기기 시

작한다. 그것이 더 열심을 내는 원동력이 되지 않았을까?

　약속했던 연탄 봉사하는 날이 돌아왔다. 어릴 적 연탄은 아주 고마운 존재였다. 한겨울 따뜻하게 보내는 난방 도구였다. 집마다 구들장에 연탄을 넣으면 방바닥이 따끈따끈해서 담요를 깔아놓고 오순도순 모여있던 기억이 난다. 연탄으로 한겨울을 나는 곳이 있다고 해서 봉사를 하려고 신청을 했다. 비닐하우스로 집이 옹기종기 모여있는 마을이었다. 모두가 검정 앞치마와 팔토시 그리고 장갑으로 무장하고 연탄을 나르는 준비를 했다. 우리가 준비한 연탄을 나르기 위해 어색한 복장 때문인지 처음 해보는 기대감인지 가벼운 발걸음을 옮겼다.

　연탄을 놓았던 흔적이 있는 창고로 향했다. 텅 비어 있었다. 인간 줄이 되어 한 장, 두 장씩 나르기 시작했다. 박자에 맞추어 척척 나르다 보니 까만 연탄이 나란히 줄지어져 높은 탑이 되어 쌓여있었다. 추운 겨울 이 연탄으로 따뜻하게 보낼 것 같은 생각을 하니 내 마음도 꽉 찬 느낌이 들었다. 텅 비어 있었던 창고에 가득한 까만 연탄이 주는 보람이란 뿌듯함으로 다가온다. 이 광경을 본 주인은 얼마나 든든할까 내가 땀으로 봉사하는 이 순간이 밝은 에너지를 선물하는 느낌이 들었다. 비어 있다는 것은 우리에게 무궁한 가능성을 선물한다. 누군가가 주는 선심이나 사랑을 담을 수 있기 때문이다. 무엇인가를 채울 수 있다. 비어 있다는 것이 창피한 것이 아니다. 무엇인가를 채울 가능성이 있다는 것이다.

배우면서 나는 내가 원하지 않는 것들을 비워야 더 좋은 것을 채울 수 있을 것 같다는 생각을 했다. 내가 비워져야 채울 수 있다.

홀라댄스를 하는 사람들의 특징이 있다. 자신만의 춤의 방식이 있다. 그냥 아무 춤도 추지 않고 홀라댄스를 배우는 사람들은 선생님이 가르쳐준 춤을 그대로 따라 한다. 하지만 무용, 댄스, 다른 춤을 추는 사람들은 자신도 모르게 그들만의 춤 모습이 다르게 나온다. 오래도록 자신도 모르는 사이에 몸에 배진 춤사위가 어쩔 수 없이 나온다. 본인도 그것을 의식하면서 고치려 하지만 잘되지 않는 것을 보았다. 그래서 사람마다 표현하는 춤의 방식이 다른 것 같다. 홀라댄스는 부드러운 동작이다. 지나침이 없이 부드럽게 흘러가는 춤이다. 그런데 골반을 너무 흔들어서 지나치게 보인다든지 부드럽게 연결되어야 하는데 뚝뚝 끊어지는 느낌을 준다든지 미소가 자연스러워야 하는데 지나치게 인위적이라든지 알게 모르게 자신만의 독특한 표현방식이 있다. 무엇인가를 새로운 것을 받아들인다는 것은 자신의 것을 버리고 새롭게 받아들이기는 힘든 것 같다. 그래서 알아야 한다. 내가 그것을 그렇게 하고 있는지 느껴야 한다. 그래서 춤을 잘 추려면 부끄럽지만, 자신의 춤을 영상을 찍어서 자꾸 들여다보아야 한다. 그러면 어떤 부분에서 자꾸 예전 습관이 나오는지 느껴지게 된다. 그렇지만 자신도 모를 때가 있다. 그래서 피드백이 중요한 것 같다. 누군가가 자신이 모르는 부분을 한 번이라도 터치해주면 아주 좋은 방향으로 발전할 수 있는 것을 말이다. 좋은 선생님은 매의 눈을 가져야 한다. 그리고 그것을 잘 표현해줄 의무가 있다. 그것이 선생이다. 지적하고 잔소리하는 것이 선생이라는 나쁜 편견은 옳지 않다. 그렇게 이야기하는 것이 어쩜 쉽지는 않다. 정말 누구를 위해서 하는 말이다. 다만 표현방식에서 좀 더 지혜롭게 표현하는 법을 배우면 좋겠다.

채우기 위해서 비워야 하는 작업이 먼저인데 왜 우린 비우지 못할까?

자신에게 확신이 없어서 가져다 버리는 것에 두려움이 생긴다. 가지고 있는 것에 대한 미련이 남아 필요하지 않은 것들도 그냥 쌓아두어 언젠간 필요하겠지 하며 이것저것 쓰지 않는 것들도 버리지 못하는 경향이 있다. 그럼 점점 복잡해지고 지저분해지는데 그것을 정작 본인은 모른다. 뒤죽박죽 해진 상태에서 손을 대지도 못하는 상태가 되면 자포자기를 한다. '난 원래 이런 상태였어' 하고 그냥 넘겨버린다. 그렇게 오래 뒤엉킨 상태에서 복잡한 자체를 모르고 살아가다 보면 새로운 것을 담아둘 공간이 부족한 것이다.

퇴사를 결정하고 무척이나 두려웠다. 내가 원래 살아왔던 이것저것의 모든 것들이 송두리째 바뀌는 상태이다. 생활방식이야 시간이 적응하면 익숙해지겠지만 나 자신의 내면의 상태를 바꾸는 것에 대한 확신이 부족한 것이다. 과연 나는 사회의 일원으로 제대로 쓸모있는 인간으로 살아갈 수 있는 것인가 이제껏 살아온 내가 생각했던 여러 가지 야망들이 크게 바뀌어 가는 시점에서 붙잡아야 할 것들을 나는 제대로 붙잡고 있는가 말이다. 그리곤 내가 가지고 있는 생각들을 하나씩 하나씩 버리기 시작했다. '예전엔 이랬는데' 라는 것을 '앞으로 난 이렇게 할 거야!' 라고 낮에 다니는 것을 낯설어하지 않고 더 많은 시간을 즐기고 있다는 생각으로 누군가의 삶을 부러워하기보단 내가 이제 시작해야 할 삶을 그대로 받아들이기로 한 것이다. 다시 못 올 이 시간에 우울해하지 말고 내가 할 수 있는 것에 집중하자고 말이다. 내가 가지고 있는 그릇에 예전의 미련들을 하나하나 버리기 시작했다. 내가 어떠했는데, 예전엔 얼마를 벌었는데, 하나도 나에게 도움이 되지 않는 생각들이다. 인생을 살아가면서 양으로 대결하기보다는 이젠 가치 있고 질적인 것을 위한 삶으로 변화되어 가야 하지 않겠는가? 언제까지 과거에 매여서 살아갈 것인가. 미래에 더 많은 것들이 기다리고 있을 텐데 과감히 이리 뒹굴 저리 뒹굴 누군가의 바람에 흔들리지 말고 우뚝 서 있는 나무처럼 내 삶도 그렇게 만들어야 하지 않겠는가 채우기 위한 준비를 해야 할 때이다. 구석에 썩어 냄새나는 것들도 나를 향한 믿음으로 과감히 버리기로 약속한다. 미래를 위해 무엇인가를 이루기 위한 과정이라면 끝 가지 붙잡을 이유가 없다. 그만큼 준비되어 있다면 확실히 채워질 것이라 바란다. 그것이 아주 천천히 채워진다 하더라도 더 쓸데없는 것이 채워지지 않도록 방향을 잡고 버텨야 할 것이다.

.

홀라댄스를 통해 내가 배운 것 중에 반복되는 중요한 이치이다. 비워야 채워진다. 내 몸에 최적화된 춤을 추고 싶다면 예전의 춤을 싹 잊어버려야 홀라댄스를 잘 출 수 있다. 자신도 모르게 스멀스멀 올라오는 예전 습성을 버리고 새로운 것을 받아들이고 다듬어 갈 때 비로소 홀라댄스를 잘 출 수 있다. 매일 식사를 하고 하루라도 비어내지 않으면 몸에 이상이 생긴다. 우리가 모르는 사이에 우리 몸에 영양분을 골고루 보내면서 우리 몸은 건강해진다. 보이는 것들도 이치가 그러한데 보이지 않는 구석구석 살펴서 비어내기를 하면 좋겠다. 그럼 새로운 것들을 위해 노력을 하면 내 인생은 더 건강해진다. 더 보기 좋아진다. 내가 비어내기를 해도 괜찮다는 확신을 주면 된다. 그런 분별력을 가지려면 많이 생각하고 배워야겠지만 그 노력은 필요하다고 생각한다. 비어내면 반드시 채워진다. 자신에게 맞는 것으로 더 좋은 것으로 채워지기를 바래본다. 그다음으로 찾아오는 것의 뿌듯함을 맛보며 살아보자.

연습만이 답이다

 무엇인가를 잘하려면 무엇을 해야 할까? 연습해야 한다. 끊임없이 반복해서 자신에게 익숙하게 만들어야 한다. 장미란은 역도선수 시절 하루 연습량이 아주 많이 할 때에는 5만킬로그램(kg)을 들었다는 소리에 놀래지 않을 수 없었다. 올림픽 선수들이 금메달을 목표로 자신이 최고로 잘하는 사람이지만 연습을 한다. 피카소는 1만 3,500여 점의 그림과 700여 점의 조각품을 창작했다. 그의 작품 수를 전부 합치면 3만여 점이 된다고 한다. 그림을 잘 그리기 위해서는 수많은 그림을 그려야 한다. 백종원은 칼로 무 써는 연습을 매일 4~5시간씩 해가며 맛있는 요리의 조리법을 연구하며 만들었다고 한다. 여러 번 반복해서 만들어 봐야 유명한 요리의 대가가 될 수 있다. 우리는 이 정도는 잘 알고 있다. 그런데 그렇게 무엇인가를 반복한다는 것이 쉽지는 않다. 우리의 발목을 잡는 것은 무엇일까? 왜 알면서도 그것에 노력하지 않을까 곰곰이 생각해 본다.

절실함이 없다. 일반적으로 책을 읽는 사람을 존경한다. 대부분 사람이 책을 읽기보단 다른 여가를 선호한다. 하지만 그런 사람들도 책을 읽고 싶어한다. 아이러니하다. 왜냐하면, 책을 읽으면 유익하다는 것을 알고 있다. 아주 오래전부터 교과서라는 책이 익숙해져서 책에 대한 좋은 추억이 없다. 성적을 내기 위한 책만 보다가 정작 읽어야 할 책은 그림의 떡처럼 아주 먼 친구같이 바라본다. 할 것인가 말 것인가의 갈림길에 있을 때 하면 되는데 잘되지 않는 것은 절실함이 없어서 그렇다고 생각한다. 책에서 작가가 이야기하는 것에 귀를 기울이며 듣고 싶은 간절함이 없는 것이다. 이 책을 읽으면 돈을 벌게 해줘요. 그래도 안 읽는다. 한 번의 동기부여만 있으면 되는데 그것을 해야겠다는 의지를 만들기 위해선 해야 한다. 해보면 '아! 이런 것이구나' 하고 노력을 기울이게 된다. 그것에 자연스럽게 빠져들어 간다.

저절로 오래 하면 잘 하는 것으로 착각한다. 훌라댄스를 배우면서 한 가지 의문점이 들었다. 수업시간에 선생님께 배운 동작으로 멈춰버리면 그다음에도 제자리걸음만 하는 느낌이 들었다. 별도로 자기 연습이 없이 수업 시간에 참석하는 것으로 만족한다면 실력은 그대로 멈춰있는 느낌이 든다. 그런데 수업시간에 배운 것으로 나는 다 할 수 있다고 착각을 한다. 앞에서 선생님이 시범을 보이고 따라 하면서 완벽하게 잘하는 것처럼 생각하는 것이다. 완전 초보가 생각하는 실수이다. 저절로 잘 하는 법은 없다. 배운 동작들을 자기화하는 시간이 필요하다. 그것은 끊임없는 연습에서 비롯된다. '나는 이만하면 되었어'라고 생각하는 안일한 생각이 계속 성장하는 데 아무런 도움을 주지 않는다는 것을 초보 때는 모른다. 오래 하면 잘되겠지 생각하겠지만 그렇지 않다. 자기와의 긴 싸움이 있어야 잘하게 된다. 단번에 쭉 성장하지 않는 것 같아 실망스러울 때가 있다. 그래도 해야 한다.

구체적인 목표가 없이 막연하다. 무언가의 확실한 목표가 생기면 어려움이 있어도 해야 한다는 의지가 생긴다. 연습하는 과정은 몹시 어려운 일이다. 자기 자신과 항상 싸워야 한다. '그 정도면 되었어! 뭘 그리 열심히 하는 거야?' 하며 계속 자기 자신과 싸움에서 질문을 한다. 하지만 분명한 대답을 해줄 수 있는 것은 '나는 할 수 있어 꼭 나는 될 거야'라고 하는 분명한 목표가 있으면 수많은 땀의 노력이 필요하다는 것은 스스로가 알게 된다. 그리고 노력하게 된다. 내가 원하는 몸무게를 만들기 위해서 먹고 싶은 음식을 참아내고 만 보를 걷기 위해 추운 날씨에도 밖으로 나갈 수 있는 의지를 불러일으킨다. 내가 연습하지 않으면 안 될 작은 목표라도 설정해두면 성취하는 즐거움 때문에 조금씩 조금씩 해내게 되어있다. 거창하고 이룰 수 없는 목표가 아닌 할 수 있는 이룰 수 있는 목표를 정하고 매일 매일 성취하면 된다. 그럼 그것이 쌓여서 어마어마한 힘을 만들 수 있다고 믿는다.

　기초력이 부족하다. 훌라댄스를 할 때 강조하는 것이 있다. 기본이 중요하다는 이야기를 한다. 실력은 기본기가 튼튼하면 늘어갈 수 있다. 하지만 기본이 없는 상태에서 아무리 열심히 한다 해도 인정받지 못하는 동작을 하게 된다. 그래서 연습시간에 가장 노력을 하는 것은 기본을 반복한다. 하지만 이것을 아는 사람들은 드물다. 멋진 훌라 댄서들의 공연을 보면 그들처럼 아름다운 동작을 하고 싶은 마음이 든다. 그래서 기술을 배우려고 한다. 하지만 결국 차이가 나는 것은 기본이 없는 상태에서 따라 하다 보면 동작이 무너지는 것을 본다. 반복적인 연습은 정확한 기본 위에 피나는 노력이 있어야 실력은 늘어갈 수 있다. 그래서 잘 배워야 한다. 너무 욕심을 부리다 보면 더 멀리 갈 수가 없다. 내 몸 상태를 정확히 파악하고 한 걸음씩 최선의 노력을 하다 보면 어느 순간 변화된 자신의 모습을 보게 될 것이다.

　몸으로 하는 행동이지만 마음을 치유할 때가 있다. 단단하게 만들어주는 신뢰가 생긴다. 해낼 수 있는 나에게 무한 칭찬을 해준다. 땀을 많이 흘렸을 때는 물과 영양에 좋은 맛있는 것들을 먹는다. 왜냐하면, 그만큼 노력한 나에게 주는 선물 같은 것이라고 할까? 나와의 약속이지만 그것을 지켜나가는 내가 대견한 마음이 든다. 아무도 모를 시간에 오늘의 노력을 한 나를 발견하는 순간순간들이 쌓이면 얼마나 행복한지 모른다. 허벅지부터 느껴지는 단단함과 묵직함에 거울 속에 보이는 꼿꼿한 자세를 보면서 "허리를 펴고 배를 집어넣어요."라고 들었던 소리가 쟁쟁한데 그 모습이 언제부터인가 보기 힘들어져 있는 모습을 볼 때면 한 번쯤 웃어 보인다. 반복하는 과정에서 점점 늘어나는 버티는 힘은 무릎을 굽힌 상태에서 춤을 추어야 하기 때문에 중요하다. 그 버티는 힘은 자연스러워지고 있다. 하지만 하루라도 게을리하면 골반의 뻐근함이 생긴다. 그래서 부드러운 몸동작을 위해서는 기름을 칠하듯이 반복해야 한다. 잘할 수 있는 과정에서 연습을 즐길 수 있는 것은 마음에서 온다. 잘 안되더라도 버티는 힘은 결국 연습이 답이다.

홀라댄스를 통해 내가 배운 것 중 아무리 강조해도 지나치지 않는 것이 연습이다. 알면서 못하는 경우가 참 많다. 연습만이 답이라는 것을 몇 번씩 강조해도 부족하다. 무엇인가를 잘하고 싶다면 잘할 때까지 반복해서 익숙하게 만들면 된다. 하루아침에 뚝딱 잘되는 법은 없다. 일만 시간의 법칙처럼 피나는 노력의 결과가 쌓이면 그것의 전문가가 되는 것이다. 무엇인가 되고 싶은 것이 있는가? 그럼 목표를 정하고 한 걸음씩 노력하며 성취해가는 것이다. 하루아침에 이루어지는 것은 아무것도 없다. 누구에게 드러나지 않는 자기 자신과의 연습이 있었기에 어느 날 반짝 빛이 난다. 그 빛이 오래 반짝인다는 것은 자기 자신과의 고독한 시간이 있었기 때문이다. 그 고독한 시간을 충분히 견딘 사람만이 받을 수 있는 영광이다. 분명 기억해야 할 것은 그냥 시간이 지나면 저절로 되는 것은 없다. 결국, 연습만이 나를 만들어준다. 그것을 아는 사람은 연습한다. 자기와의 싸움을 기꺼이 즐길 수 있는 길을 선택한다.

함께 해야 멀리 간다

느린 거북이가 경주에서 이긴 이유는 무엇일까? 사람들은 거북이가 성실해서 느리지만 쉬지 않고 꾸준히 목표를 향해 뚜벅뚜벅 걸었기 때문이라고 대부분 생각한다. 하지만 나는 토끼가 함께 경주했기 때문이라고 생각한다. 자신과 아주 많이 다르지만, 그와 경주를 해준 토끼가 있었기에 거북이의 핸디캡을 잊고 도전할 수 있었고 잠깐 토끼의 자만에 거북이가 승리를 거두었다고 생각한다. 거북이로서는 엄청난 행운이 아닐 수 없다. 아주 다른 상황에 있는 사람과 함께 할 수 있는 행운, 또 다른 경쟁을 할 수 있는 행운 말이다. 나와 비슷한 사람들과 함께 하는 것 말고도 정반대의 사람과 함께 할 수 있다는 것도 아주 큰 행운이다. 달린다는 공통점에서 함께하면서 배우는 것이 얼마나 많이 있겠는지 말이다. 운 좋게 거북이는 승리까지 했다.

피겨여왕 김연아에게 꼭 따라다니는 인물이 있었다. 동갑내기 일본 선수 아사다였다. 그래서 김연아를 이기려면 주 무기인 트리플 악셀을 성공시켜야 한다며 언론은 부추겼다. 그리고 성공했다. 어느 대회이든 평생 대결 구조로 만나야 하는 이들은 실력을 향상하며 성장했다. 서로를 친구로 바라볼 수도 있지만, 대회에서는 경쟁자가 된 것이다. 자신과 무단한 싸움을 싸워야 이길 수 있는 스포츠 세계에서 경쟁자란 반드시 있기 마련이다. 왜냐하면, 금메달은 한사람에게 주어지는 것이기 때문이다. 오랜 시간 열정을 유지할 수 있는 것은 서로의 기록을 의식하지 않을 수 없었을 것이다. 그리고 세계 신기록을 달성하는 우수한 선수들이 된 것이다. 함께 마음에 맞는 사람들과 살아가는 세상은 달콤하고 평화로울 것 같지만 그렇지 않을 수도 있겠다는 생각을 한다. 우리가 원하는 평화는 서로 다른 하모니가 조화를 이룰 때 더 아름답다는 생각을 해본다. 서로를 의식하지만, 서로를 존중하고 서로에게 아낌없는 칭찬을 해줄 수 있는 넓은 마음을 가지기 위해서라도 함께 해야 한다. 서로 다른 면이 있다는 것을 인정하고 자기 자신의 길을 가면 되는 것이다. 그렇게 할 때 진정한 경쟁자는 바로 나 자신이라는 것을 알게 될 것이다.

훌라댄스를 하면서 함께 한다는 즐거움을 더 많이 느낀다. 사람들의 신체조건은 다 다르다. 키가 큰 사람이 있고 작은 사람이 있고 몸이 조금 통통한 사람이 있고 깡 마른 모습으로 서로 각양각색의 사람들이 모인다. 예전에는 신체조건이 비슷한 사람들이 모여야 더 프로 같고 좋다는 선입견이 있어서 팀을 구성할 때도 엄격하게 신체적인 면을 고려했었다. 하지만 그보다 중요한 것이 있다. 합이 잘 맞는지가 중요하다는 사실이다. 한 동작으로 한 호흡으로 동작을 하다 보면 마치 한 사람이 동작하는 것 같이 물결치듯 흘러간다는 것이다. 모든 사람에게 안정감을 주는 것이다. 훌라댄스는 관능미를 강조하는 춤이기보다 힐링에 가깝다. 보는 사람들에게 전해지는 안정감과 편안함이 천천히 녹아 들어가는 것이다. 꺾여 저셔 모가 난 춤이 아니라 곡선이 주는 자연스러운 흐름에 저절로 마음 문이 열어지는 춤이라고 생각한다. 그래서 서로 다른 모습이지만 서로가 주는 메시지가 똑같다면 그 에너지가 모여 하나가 되는 것이다. 서로가 주는 에너지 또한 너무 좋다. 혼자서만 잘하는 것으로 끝나는 것이 아니라 손 높이, 발 템포 그리고 포인트 시선까지 맞추어야 한다. 서로를 보면서 할 수는 없어도 손끝에서 전해지는 느낌과 치마가 흔들거리면서 좌우 움직이는 반동에서 느껴지는 일치감은 짜릿함을 준다. 서로 다른 조화를 선물하는 신선함이 날로 변화하게 만든다. 나도 모르는 사이에 하나씩 늘어나고 자라는 모습들을 서로가 느낀다.

멀리 간다는 것은 오래 할 수 있다는 말과 같다. 예전에는 한 직장을 다니면 평생 나이 들어서까지 안정적으로 다닌 것으로 생각했다. 하지만 요즘은 자신의 스펙을 쌓고 인정받는 직장을 본인이 선택하며 진화하는 모습을 본다. 그것도 성향에 따라 다르겠지만 자신을 조절 할 수 있는 유연성과 자신감이 있다면 좋은 것 같다. 무엇이든 참는 것이 미덕이라고 생각해서 개인의 선택은 무시된 상태에서 회사의 부속물처럼 살아가야 하는 것만으로 아주 슬픈 직장생활이 계속된다면 자신의 가치는 무너지고 말 것이다. 자신의 노력 여하에 따라 달라지겠지만 자신이 원하는 삶의 방향대로 균형을 깰 수 있는 용기가 때로는 필요하다고 본다. 그래야 오래 할 수 있는 원동력이 되는 것이다. 정말 좋아서 하는 사람들은 극히 드물 것이다. 어쩔 수 없어서 해야 하고 버티는 경우가 더 많을 것이다. 내 경우도 20년이란 직장생활을 하면서 내가 가장 하고 싶었던 것을 내려놓아야 했으니까 나 자신이 하고 싶은 일을 하면서 살아간다는 것은 꿈도 꾸지 못했다. 너무 힘들고 이 길이 과연 내가 해야 할 일일까? 물어보지만, 여전히 돌아오는 대답은 '때가 있을 거야 그때를 위해 열심히 일하는 거야' 하며 대답했던 기억이 난다. 멀리 간다는 것은 오래 한다는 것과 같다. 내가 생각하는 꿈을 이루기 위해서는 멀리 바라봐야 한다. 바로 앞에 일만 생각하다 보면 멀리 갈 수 없다. 5년 후, 10년 후 나의 모습을 상상하면서 현재 내가 어떤 노력을 해야 내가 그리는 모습이 될 수 있을까를 생각하면서 조금씩 조금씩 오래 해야 한다. 훌라댄스를 처음 시작할 때도 딱 그런 마음이었다. 10년 후의 내 모습에서 내 건강을 지키며 그토록 추고 싶었던 춤을 오래 추기 위해서 선택했다. 안전한 내 생활의 일부가 되기 위해서 멀리 바라봐야 했다. 그런 과정에서 함께 하는 사람들이 생긴다. 다행히도 내가 오래 할 수 있도록 동기부여를 주는 사람들이 있다. 똑같이 좋아하는 종목을 가지고 자신의 생활을 힘차게 살아가는 사람들이 보인다. 그들이 나에게 직접적인 영향을 주는 것은 아니다. 매일 매일의 생활에서 함께 살아가는 것은 아니다. 하지만 같은 훌라댄스를 하는 것만으로 친구가 된다. 서로 좋아하는 공통점이 있다는 것으로 보고 배울 점이 반드시 있는 것이다. 나는 현재 훌라댄스를 하며 경제적인 자유를 얻을 수 있을까를 고민한다. 그래서 실험 중이다. 훌라댄스를 많은 사람이 춤 출 수 있는 때가 반드시 올 것이라고 희망을 품고 있다. 항상 누군가는 없는 것을 만들려 하면 선구적인 역할을 해야 한다고 본다. 다양한 사람들이 훌라댄스의 세계에 관심이 있다. 이 흐름을 대중들이 함께 갈 수 있는 방향의 키를 잡아야 한다. 그리고 함께하면서 멀리 가야 한다.

함께 해야 멀리 간다는 말은 진리이다. 혼자서는 같은 길을 걸어가기에는 외롭다. 나를 위해 격려의 말을 해주는 사람이나 강하게 채찍을 할 수 있는 사람이 옆에 있는 것만으로 행복하다. 멀리 가려면 함께 가야한다. 그래야 혼자만의 싸움에서 주저앉아 있고 싶을 때 동기부여가 된다. 때론 경쟁자라 하더라도 같은 길을 걷고 있는 것만으로 위로가 될 수 있기 때문이다. 내가 경험하는 어려움을 그도 똑같이 경험하고 있으므로 어쩜 동질감까지 느낄 수 있다. 그래서 넓은 마음으로 모두를 품고 바라볼 수 있고 내가 가는 길을 걸어갈 수 있다. 내 가는 길을 더 탄탄하게 가고자 한다면 경쟁자라도 두려워하지 말고 함께 갈 용기가 필요하다. 모두와 함께 내가 원하는 길을 거북이처럼 쉼 없이 달릴 수 있는 저력은 멀리 보는 것이다. 원하는 목표를 향해 함께 가는 길에 서로의 길에 응원해 주며 내 길을 갈 힘이 생긴다. 훌라댄스를 통해 배운 것 중 함께 해야 멀리 간다는 말을 다시 한번 되새긴다.

내 안에 있는 것이 진짜다

날이 제법 추운 겨울이였다. 눈이 와서 땅은 얼어 미끄러워 조심 걷고 있었다. 그때 내 눈에 들어오는 것이 있었다. 주차장 담장에 자라있는 넝쿨 하나, 땅은 보이지 않았다. 그저 콘크리트 사이에서 아주 조그마한 잎이 뾰족이 나와 있는 것을 보고 너무나 대견한 생각이 들었다. 어쩜 봄, 여름 따뜻한 계절이 오면 파릇한 잎을 자랑하며 자라겠다는 기대가 생겼다. 얼마나 힘들었을까 살아내려고 온갖 힘을 들이고 겨우 자라난 넝쿨 아주 좋은 계절을 만나지는 못했지만 살아있다는 것이 중요한 것이고 그것을 바라보고 있는 나에게 아주 작은 희망을 선물했다. 얼어붙은 콘크리트 안에서 무슨 일이 있었을까?

내가 근무했던 건물은 3층이었다. 바깥 창문을 통해 본 옆 건물 현관

위에는 작은 꽃을 심을 정도의 흙이 있는 공간이 있었다. 잘 관리되지 않아 아무것도 없었다. 매년 봄이 되면 이상하게 내눈에 들어오는 것이 있었다. 그것은 어디선가 날아온 이름 모를 식물이었는데 가지를 뻗어 한 잎 두잎 자라다가 또 시들고 다음 봄이 되면 어김없이 자라 또 한잎 두잎 피어난다. 은근히 기다려지는 봄에 내가 바라보고 있는 것을 알았을까. 마음속으로 응원하며 잘 자라주기를 바라는 옆집 사람의 시선을 의식했을까. 가끔 "물을 주어야 하는데 하며 안타깝게 바라보다가 오늘도 무사히 잘 자라났네" 하며 무심코 시간이 흘러 바라보면 쑥 커 있는 것이 신기했다. 작은 생명이 나에게 주는 경이로움은 이루 말할 수 없는 감동을 주었다. 어떤 화려한 꽃보다 어떤 잘 자라난 나무보다 소중한 광경을 나에게 선물했다. 매일 반복된 생활에서 활력을 잃을 때면 마음처럼 되지 않는 여러 가지 일로 마음고생을 할 때면 한 번 더 숨 쉬게 해주었다. 정해진 공간에서 어떻게 하면 살아갈 수 있을까 고민하며 자라나는 식물의 유일한 희망은 햇빛이 주는 따스함이 아닐까 누구 하나 없는 외로운 공간에서 살아야 한다는 희망을 품고 조금씩 조금씩 자라나고 있었을 것이다. 자신과의 행복한 교감을 이루며 생이 다하는 그 날까지 기쁨의 행진을 하지 않았을까 그래서 또 다른 봄에 찾아오는 반복된 승리를 마주하지 않았을까 그래서 마침내 나에게 주는 작은 용기가 아직도 선명하다.

훌라댄스를 배우기 시작하는 시기는 나를 위해 만들어진 시간이었다. 매일 반복된 일을 완수하고 주말이 되면 아침 내내 기분이 좋았다. 훌라댄스를 하는 날이기 때문이다. 하와이 음악에 맞추어 하나하나 배워가며 몰랐던 새로운 동작들을 배워가는 시간이 너무도 기대되었다. 생동감을 선사하는 훌라댄스가 나에게 주는 다양한 것들은 어떤 것일까?

배우는 재미가 있다. 배우는 재미는 새롭게 탄생하는 느낌이 든다. 모르던 표현들을 익히면서 어쩜 이런 동작을 생각해 냈을까 하면서 감탄할 때가 한두 번이 아니다. 배우지 않으면 모를 수 있는 것이 아닌가 표현을 배울 때마다 나도 이런 동작들을 만들고 싶다는 생각을 하게 된다. 모든 동작은 사람이 만들었다. 무언가 떠오르는 영감들을 반복해서 생각했기에 떠오르는 것이 아닌가. 많은 표현을 알아야겠다는 생각이 든다. 그래야 나도 다양한 표현을 해보면서 나만의 동작을 창작할 수 있기 때문이다. 훌라댄스는 특별히 수어같아 의미를 담고 있다. 그래서 더 정감이 간다. 내가 어려운 하와이 언어를 말하지 않아도 춤을 통해 서로의 교감이 가능해지기 때문이 아닌가. 예술의 장르가 직접적인 화법이 아니라 자신의 세계를 자유롭게 표현한 작품을 통해 자신을 비추어보고 설명할 수 있어서 나는 더 좋았다.

거울 속의 내가 사랑스럽다. 동작을 보기 위한 거울은 전신을 다 들여다 볼 수 있다. 아침에 잠깐 화장하기 위해 보는 거울 앞 풍경이지만 이 시간은 전신을 뚫어지게 본다. 그리고 유심히 내 표정을 살핀다. 행복한 표정을 하며 따라 하는 모습은 언제나 봐도 좋다. 물론 어설프게 따라 하는 초보일 때도 그 모습이 사랑스럽다. 누군가 나를 보고 있다는 생각은 잘 하지 않는다. 다만 내 모습에 내가 집중을 한다. 오로지 교감하는 시간이다. 이럴 땐 더 높이 이럴 땐 허리를 펴고 가슴을 열며 내가 나와의 몸으로 교감하는 타임이다. 자연스럽게 몸의 근육이 생기면서 마음의 근육도 생기는 것을 느낀다. 웃고 있는 내가 행복하게 춤을 추고 있다. 꾸미지 않은 웃음으로 그날의 칭찬을 더 해 주면 마음에서 조그마한 희망이 생긴다.

하루하루를 열심히 살아갈 원동력이 생긴다. 춤을 춘다는 것은 내가 가지고 있는 마음의 그릇을 비우는 것이다. 무언가 꽉 찬 복잡한 마음을 버려야 한다. 복잡한 마음을 하고 있으면 입의 미소가 무거워진다. 뻣뻣하고 경직된 미소를 하게 된다. 무아지경으로 춤 속에 빠져들다 보면 어느새 마음의 하나하나 무거웠던 가시들이 제거되는 느낌이 든다. 마음이 비워지고 새로 찾아오는 것은 어떤 아름다운 용기가 들어온다. 새롭게 살아갈 용기, 춤을 통해 서서히 생기는 자신의 소리는 기쁨으로 변한다.

나에게 웃음을 찾아준다. 웃으면 더 웃어진다. 훌라댄스는 미소를 머금고 추는 춤이다. 형식적인 웃음을 가졌더라고 자신의 미소가 되기 위해 자연스럽게 나오는 미소가 되기 위해 노력해야 한다. 하지만 춤을 추면서 행복하니까 저절로 만들어진다. 나에게 웃음을 만들어준 춤이다. 왜 웃음이 나올까 그것은 춤을 추고 있는 모습을 누군가가 보고 있으면 기뻐할 것 같다. 햇빛을 바라보며 자라난 아무도 없는 베란다에서 꿋꿋이 커온 식물을 보면서 깨달았다. 마음속의 스스로가 바라보는 환희를 통해 자라나는 용기와 힘을 얻었을 것 같다. 춤을 추다 보면 웃음이 나온다. 그 웃음이 억지웃음이 아닌 내 춤을 보고 있는 내가 아닌 누군가에게 기쁨을 주고 싶기 때문일 것이다. 하루아침에 만들어지기는 어렵다. 하지만 내가 그러면 그런가 보다 생각이 든다.

세상을 살아가면서 내 안의 소리를 잘 들어야 한다. 내가 살아가는 길에서 방황할 때가 있다. 그것은 내 안의 소리가 들리지 않거나 듣고 싶지 않을 때이다. 내 감정을 무시하고 싶을 때가 있다. 하지만 언제나 나를 더 걱정하고 있기 때문에 내 안의 소리가 진짜다. 세상은 언제나 평안하지는 않다. 때론 겨울같이 추울 때가 있다. 그때 무슨 힘으로 살아갈 것인가. 그것은 나를 믿어주는 힘, 나를 끝까지 용기 내며 함께 가야겠다는 의지가 전부이다. 그것이 내 안에서 생겨나야 도전도 할 수 있게 된다. 한 발자국 걸을 수 있는 용기가 생긴다.

내 안에서 웃음 지으려고 하는 미소를 잊지 말자. 스스로 훌륭하게 잘하고 있다고 쓰다듬어주자. 나 자신의 모습을 있는 그대로 바라볼 수 있는 진심으로 신뢰하는 눈빛으로 바라보자. 스스로가 가지고 있는 진짜 내 안의 보물을 발하게 되고 그것을 자라가게 하는 몫은 내가 책임져야 한다. 오랜 시간이 걸리더라도 끝까지 해내는 힘이 생길 것이다.

무대가 주는 특별한 교훈이 있다

춤은 대중과의 교감에서 완성된다. 처음으로 필리핀 해외에 가서 공연을 한때가 기억이 난다. 평소 좋아하는 노래에 맞추어 다섯 명이 열심히 연습했다. 무대에서 입을 옥색 빛나는 화려한 드레스를 맞추고 필리핀 언어의 간단한 노래도 익히며 준비를 했다. 다양한 구호 물품을 준비하고 다양한 공연팀과 함께 출발했다. 수많은 사람이 모인 집회들에 참석했는데 그중 소규모 집회에 우리가 춤추는 무대에서 저 멀리 온몸에 문신한 아주 험상궂게 생긴 건장한 남자 한 명이 동작을 따라 하는 것이 눈에 들어왔다. 그때 느끼는 감동은 서로 다른 언어를 사용하지만 춤으로 느끼는 것을 함께 표현할 수 있구나 하는 것을 느꼈다. 말이 아닌 춤으로 이야기를 할 수 있구나! 내 이야기를 통해 무언가 느끼는 것 같은 전율이 느껴지는 아주 특별한 경험이었다.

　야외에서 훌라댄스 동영상을 촬영하려고 주섬주섬 다양한 치마를 준비하고 떠났다. 목련꽃이 한참 피어있는 춥지도 덥지도 않은 햇살 좋은 날이었다. 적당한 거리에 카메라를 설치하고 동작을 하려고 하늘 위를 바라보는데 나도 모르게 감탄이 나왔다. 파란 하늘에 나뭇가지들의 싱그러움이 겹쳐져 눈을 들어 하늘을 볼 때마다 기분이 좋아지는 것이다. 손을 뻗어 하늘을 볼 때 마음이 환하게 열리면서 내 얼굴의 미소가 가득하다. 세상에 이 아름다운 모습은 평소에 느끼는 하늘과는 차원이 달랐다. 춤을 추며 노래에 맞추어 바라보는 하늘과 자연의 조화 황홀함은 말로 표현할 수가 없었다. 노래가 끝날 때까지 마치 한 폭의 그림을 그리듯 하늘의 선율 위에 조그마한 손을 뻗어 마음의 노래를 부르는 듯했다. 그때부터인가 훌라댄스는 자연에서 춤을 추어야 제맛이 나는 것을 확신했다. 푸른 바다를 배경으로 아름다운 의상을 입으며 춤을 추는 하와이 여인들의 영상을 볼 때 더욱 아름다웠던 것이 기억난다. 자연을 배경으로 춤을 추는 자유로운 평화의 수호신같이 머리를 휘날리며 자연스럽고 부드러운 몸짓의 평화로움은 정말 황홀하게 해준다. 자연이 주는 따사로움을 온몸으로 느끼며 춤을 추는 감동은 잊을 수 없는 기억으로 남아 야외에서 춤을 추는 것을 적극적으로 이야기할 때가 그때이다.

　공연하는 것처럼 떨리는 경험은 없다. 무대가 주는 압박감이 있다. 거울을 보며 평소 연습하는 여유로움의 몇 배의 긴장감을 주기 때문에 실전에서 하는 그것처럼 연습하지 않으면 금방 실수로 이어진다. 단체로 공연할 때 특히 방향을 달리한다든지 박자를 놓치는 경우는 정말 최악의 상황이다. 연습할 때는 잘 외워졌던 부분이 갑자기 긴장되면 머리가 하얗게 되면서 동작이 생각이 안 날 때가 있다. 아주 짧은 찰나이지만 스치고 지나가는 몇 초가 바짝 긴장감을 고조하면서 뻣뻣해지는 것을 느낀다. 그만큼 어떤 변수가 생기는지 알 수가 없는 것이 공연이다. 그래서 다양한 경험들이 있으면 대처할 수 있는 능력이 생긴다.

공연이 주는 두려움을 이기는 방법은 연습밖에 없다. 무대라는 공포를 연습처럼 여유롭게 하는 방법은 연습밖에 없다는 생각을 한다. 무대는 나와의 싸움이다. 내가 평소 실력을 제대로 만들려면 긴장하는 나에게 용기를 주어야 한다. 그러려면 자신감이 필요한데 그 자신감은 연습에서 나온다. 평소에 하던 대로 자연스럽게 만들어지는 동작들의 연결은 의식에서 나오는 연결이 아니라 몸이 기억하는 연결이어야 한다. 몸이 기억하게 하려면 얼마나 많은 연습을 해야 하겠는가 그런 상황이 되면 자신을 충분히 믿어보고 싶어질 것이다. 물론 긴장은 당연히 된다. 하지만 긴장을 이길 힘이 생긴다. 우리가 사는 삶도 연습이 필요하다. 내가 나를 믿으며 한 걸음 한 걸음 가는 길에서 이때까지 나와 함께 연습하며 살아온 길들이 연습인지 실제인지 모르며 뒤엉켜 살아간다. 그럴 때 결과물은 박수가 그 해답을 준다. 만족스럽지 않을 때는 그 박수가 부담스러울 것이다. 하지만 완벽한 표현을 하고 뒤의 배경에서 울려 퍼지는 박수는 하나의 백뮤직같이 나와 박수가 뒤엉켜진다. 더 큰 환호로 다가온다.

내가 선 자리가 중심이고 주인공이다. 여럿이 무대에 서서 공연을 할 때 자리에 대한 약간의 치열함이 있다. 맨 앞자리 중앙 그 자리를 선호하는 경향이 있다. 그리고 주인공처럼 독보이고 싶어한다. 나는 자리를 정할 때 마음을 비운다. 왜냐하면, 내가 선 자리가 언제나 중심이라는 생각을 한다. 내가 선 자리에서 최선을 다해 춤을 추는 것이 중요하다는 생각을 한다. 아무리 사람들이 잘 보이는 중앙에서 한다는 것이 중요한 것이 아니라 무대에서 내가 한다는 것이 중요하다는 생각을 한다. 그렇게 생각하면 어떤 위치에 있든지 좋다. 왜냐하면, 내가 춤을 추고 있다는 것이 중요하다. 인생의 무대에서도 내가 어느 위치에 있다는 것이 중요한 것이 아니라 내 위치에서 주인공처럼 살아가고 있느냐가 중요하다는 생각을 한다. "왜 내 자리는 이 모양이지? 내가 제보다 못하는 것이 무엇이야?" 무언가 시작부터 어긋난 생각은 꼬리에 꼬리를 물고 서로 화합이라는 마음을 방해한다. 최종목적은 아름다운 춤을 추는 것인데 결국 자리 위치 하나로 모든 무대에서 신경이 다른 쪽으로 자리 잡다 보면 모든 것들이 꼬여져 보이기 시작한다. 그래서 애초부터 그 모든 경우의 수를 차단하고 내가 선 자리가 제일 좋은 자리이고 주인공이라는 마음으로 시작하는 편이 좋다. 비교의 기준이 일반 사람들이 생각하는 것과 내가 생각하는 기준을 달리하면 편안해진다.

공연 지도자가 되면 달라진다. 정해진 팀이 없는 경우는 무대 섭외를 해 오고 다양한 사람들을 모집하게 된다. 그런 경우 어떤 무대를 원하는지 테마에 맞추어 곡목을 선정하고 의상을 정해서 연습에 들어가야 한다. 그래서 리더의 의견에 따라 일사천리로 돌아간다. 아주 넉넉한 일정이 아닌 긴박한 때도 있다. 각자의 활동을 하다가 결성된 팀은 서로의 의상도 점검해야 하고 동선도 생각해야 하므로 리더가 고민을 많이 해야 한다. 그리고 그렇게 정했다 하더라도 주최 측과 상의해서 최종 확답을 받아야 한다. 그 과정에서 여러 번의 음악 편집과 소품변경 등이 생기게 된다. 그래서 다양한 의견은 제시할 수 있지만, 리더의 의견에 따르는 것이 훨씬 빨리 결정을 내리는 데 유리하다. 지도자가 되고 나면 한 사람씩 살펴서 연습과정과 무사히 현장에 올 때까지 점검해야 하고 현장에서도 리허설과 발표할 때까지 다양한 부분을 챙겨야 한다. 두루두루 직접 무대에 올라 공연을 할 때까지 긴장을 늦출 수가 없다. 한껏 달아올랐던 무대의 열기를 만끽하고 뒤풀이를 할 때면 날아갈 것 같다. 결과에 연연하면 또 마음이 잘했나 못했나 평가하기보단 무사히 안전하게 맞추었다는 안도감에서 감사가 나온다.

홀라댄스를 통해 배운 무대가 주는 특별한 경험은 종합예술이다. 무대에서 배운 특별한 것은 춤을 더 사랑하게 된다. 그 짜릿한 경험이 좋아서 무대에 자주 서게 된다. 그 순간을 위해 얼마나 땀을 흘려야 하는지 점점 알게 된다. 손뼉 쳐주는 관객에게 최고의 무대를 선물하려면 수많은 노력이 필요하다. 서로서로 격려하고 챙겨주는 동료를 통해 얻은 에너지가 크고 실수를 하더라도 따뜻하게 감싸주는 리더의 마음도 느낀다. 모든 여정에서 감사, 배려, 사랑, 보람이라는 감정들이 오가면서 더 춤을 사랑하게 된다. 연습을 백번 해도 한 번의 무대가 주는 실전연습은 한 차원 다른 성장을 가져다준다. 춤은 보여주는 것이기에 무대가 주는 긴장감에서 관객을 만나야 극대화가 된다. 다양한 경험이 실력이 되고 자신을 더 성장시키는 지름길이 될 것이다.

꾸준히, 천천히, 반드시

한겨울의 나무를 본다. 이것이 나무인지 몽둥이인지 모를 정도로 가지를 다 잘라낸다.

하나의 생명도 살지 않을 것처럼 볼품없고 거무죽죽한 것이 최소한의 가지를 남긴 채 덩그런히 놓여 있다. 어떨 땐 죽은 것 같은 느낌이 들 때도 있다. 하지만 어김없이 따뜻한 봄이 되면 연둣빛 고운 싹을 보이면서 여기저기 눈을 뜬다. 그리고 하루가 다르게 가지들이 쭉쭉 뻗어나기 시작하더니 푸른 잎사귀로 뒤덮인다. 어느새 가을이 되면 주렁주렁 내 주먹보다 큰 감이 열린다. 참 신기하다. 감나무가 살아가는 방법에서 배운다. 무수히 반복된 세월을 보내며 더 큰 감을 만들기 위해 오랜 세월 살아왔을 감나무가 새삼 달라 보인다.

"당신이 좋아하는 일이 무엇입니까?"라고 물어볼 때 선뜻 대답할 수 있다는 것은 행복한 일이다. 무언가 열정을 다해 살아갈 수 있다는 것이 있는 것이 아닌가? 그래서 좋아하는 일을 잘할 수 있도록 만들라고 한다. 그 일에 있어서 전문가가 되라는 말이다. 단순히 그 일을 오래 했다고 해서 전문가가 되는 것은 아니다. 아무 생각 없이 관성적으로 하는 행동은 수십 년이 지나도 그것에 탁월하다고 이야기하지 않는다. 애정과 관심을 가지고 자신이 좋아하는 일을 쉽게 해석할 수 있으면 전문가가 된다. 그래서 끊임없이 공부하지 않으면 안 된다. 남들이 성공하는 모습을 보면 하루아침에 이루어진 것처럼 보인다. 하지만 수없이 많은 실패와 좌절 속에서 그래도 포기하지 않았기 때문에 찾아온 행운이라고 생각한다.

공원 산책을 하고 집으로 돌아가는 길에 간판이 눈에 띄었다. 50플러스센터였다. '우리 집 근처에도 중년을 위한 커뮤니티가 새롭게 만들어지는구나!' 생각하면서 이곳에서 훌라댄스 수업을 했으면 좋겠다는 생각이 문득 떠올랐다. 그때부터 '여기는 내 것이야, 여기서 수업할 수 있게 해주세요.'라며 마음으로 기도를 했다. 인증사진을 찍고 무언지 모를 친근감으로 바라보았다. 퇴사를 결정하고 나는 무엇을 할 것인가에 대해 질문을 했을 때 훌라댄스 강사를 해야겠다는 생각을 했다. 그리고 첫 번째로 도전한 곳이 50플러스센터이다. 자세히 공지사항을 살펴보니 나처럼 처음 강사활동을 시작하는 사람에게 기회를 주는 '사람품학교'라는 프로그램이 있었다. 일 년에 딱 두 번 있다고 한다. 처음 시도는 실패했다. 상반기의 기회는 실패했으니 하반기 때 또 도전해보자는 결심을 했다. 내가 포기하지 않은 이상 될 때까지 해보자는 생각이었다. 여기는 우리 동네니 언젠가는 내가 들어갈 수 있을 거야 하며 저녁 산책 불 꺼진 센터를 보며 "여기서 수업하게 해주세요." 기도가 저절로 나왔다. 드디어 기다리던 공고가 올라왔다. 이번에는 서류, 면접 과정이었다. 지난번 서류를 낼 때보다 강의계획서를 더 구체적으로 썼다. 그리 길지 않은 설문 내용이지만 왜 이 프로그램이 센터에 들어갔으면 좋겠는지 질문에 대한 답변을 공들여서 썼다. 그 결과 서류는 합격이 되었다. 서류합격 소식에 기분이 날아갈 것 같았다. 그리고 면접 때 최대한의 어필하는 기회라고 생각하고 5분 동안 표현하기는 짧으니까 훌라댄스 의상을 입고 가야겠다는 생각이 들었다. 무슨 공연을 하는 사람처럼 한껏 꾸미고 자신감 있게 설명을 했다. 세분의 심사위원이 앉아계셨다. 잘 알려지지 않은 분야의 훌라댄스를 어떻게 하고 계시는지 물었다. 내가 배우면서 너무 좋았고 다른 사람들에게 알려주어서 함께 춤을 추고 싶다고 그리고 훌라댄스 대중화를 만들고 싶다는 이야기를 했다. 그때 고개 숙인 채 서류를 보던 심사위원이 나를 쳐다보았다. 아직도 선명하다. 나는 너무도 간절하게 하고 싶었기 때문에 짧은 시간에 훌라댄스의 장점을 설명하려고 애를 썼다. 드디어 발표 날이 다가왔다. 그리고 합격했다.

그토록 원하던 센터수업을 할 수 있게 된 것이다. 포기하지 않으면 기회가 온다.

처음 떨어지고 나서 내 마음에는 꾸준히, 천천히, 반드시 될 때까지 도전한다는 생각을 했다. 이번에 안 되면 또 다음에 도전하고 내가 가고 싶은 센터를 언제든 들어가고 말겠다는 다짐을 했다. 이것의 실패가 훌라댄스를 아예 못하게 만드는 것이 아니라 내가 할 수 있는 길을 가면서 생각은 간절하게 하면서 기회를 엿보는 것이다. 훌라댄스를 계속하고 있는 한 그곳은 없어지지 않기 때문에 내가 더 큰 그릇이 되어 찾아오면 된다고 생각했다.

어떤 선택을 할 때 여러 번 곱씹어 냉정하게 결정하지만, 그것이 옳다고 생각할 때는 내 길을 간다. 누가 뭐라 해도 내가 결정한 것에 대한 책임을 지고 걸어간다. 반복된 습관이 되어 꾸준하게 한다. 그럼 무언가 실마리가 보인다. 내가 선택한 것이 맞는지 안 맞는지는 바로 결과가 나오지 않는다. 그저 나를 믿고 꾸준하게 가면 된다. 그럼 할 힘이 생긴다. 내가 가고 있는 열정에 확신이 든다. 내 모습을 갖추면서 걸어가게 된다. 그러다 보면 다른 사람과 차별화된 나를 발견하게 된다. 내 모습 그대로의 확신을 가지고 천천히 먼 미래의 내 모습을 미리 상상하면서 가는 것이다. 아직 결과는 나오지 않았지만, 그 꾸준함의 과정에서 결과가 보인다. 될 때까지 하니까 성공한다. 무슨 빠른 왕도가 있는 것이 아닌 것 같다. 실패하면 원인을 분석해서 조금씩 수정해가면서 성공으로 가는 길은 그 과정에서 배우는 것이 많아지므로 즐겁다. 내가 만들어 가는 것에 대한 확신이 있고 용기만 있다면 될 때까지 하면 된다.

꾸준히, 천천히 하면 반드시 이룬다. 감나무에는 감이 열매다. 다른 열매가 달릴 수 없다. 다른 열매를 바라기보단 내가 맺을 수 있는 열매를 더 튼튼하고 먹음직스럽게 자라게 하는 것은 쉼 없이 자라는 방법이다. 내가 할 수 있는 것에 최선의 노력을 다한다면 반드시 이루어진다. 모든 것에는 순리가 있다. 갑자기 수십억의 부자가 된들 그것을 잘 다스릴 능력이 없다면 금방 사라지게 될 것이다. 꾸준하게 자신이 감당할 만큼의 능력으로 천천히 즐기면서 꿈을 향해 가다 보면 반드시 이루어진다. 포기하지 않고 될 때까지 하면 이루어진다. 꿈과 실력을 함께 성장시키면서 노력하자 성공하는가? 실패하는가? 그 원리는 기발한 아이디어에서 나올 수 있지만 계속 끊임없이 탐구하는 자세가 중요하다. 한두 번 해서 안 되면 포기하는 것이 아니라 될 때까지 하는 우직함이야말로 성공하는 사람들의 모습이다. 할 수 있는 일을 찾아 천천히 될 때까지 하면 된다. 할 수 있다는 자신감은 꾸준히 하면서 만들어진다. 그 과정을 누가 뭐라 해도 혼자서는 웃을 수 있는 여유와 당당함으로 우직하게 걸어가자. 그때가 반드시 온다. 웃음을 잃지 말고 걸어가자.

초심을 항상 간직해라

'기본적 신뢰감'에 대해 들어본 적이 있다. 모든 인간에게 기본이 되는 신뢰감이다. 이 신뢰감이 없으면 아무도 믿을 수가 없게 된다. 태어나 엄마가 따뜻하게 안아주면 주변 사람들은 모두 자기와 같은 인간이라고 생각하게 된다. 하지만 엄마가 안아주지 않으면 다른 사람을 믿지 못하게 된다. 지켜주고 먹여주고 보호해주는 대상에게 기본적인 안정감을 주는 사람을 믿게 되면 자연스럽게 모두 자신과 같아서 괜찮다는 신뢰감이 생긴다. 기본 신뢰감이 없다면 세상 누구도 믿을 수 없게 된다. 상대방에 대한 불안감이 밀려온다. 무의식 속에 불신이 밀려온다. 기본적인 신뢰가 쌓이지 않으면 주변 사람들과의 관계에서 흔들리게 된다. 다른 사람의 기분을 먼저 살피다 보면 그 사람의 기분에 눈치를 보며 살아가게 되는 것이다. 그렇지 않으려면 어떻게 해야 할까?

'자신을 먼저 신뢰하자.'

하루에도 열두 번씩 자신과 싸움이 일어난다. 내 생각대로 이루어지지 않으면 어떻게 하나, 이 길이 맞는 것인가 하고 불안감이 들면 다시 원초적으로 돌아가 처음부터 생각한다. 내가 하는 것에 아주 작은 일이라도 칭찬을 해준다. 내가 성공한 것들을 나열한다. 새벽 5시에 일어나 챌린지를 성공해서 수료증을 받았던 기억, 다이어트에 성공해 무대에서 공연을 멋지게 했던 기억들을 꺼낸다. 작은 성공담이 생기면서 작은 자신감이 나도 모르게 쌓이게 되는 것이다. 그래서 무엇인가 마음만 먹으면 할 수 있는 존재라는 확신을 준다. 그냥 막연하게 너를 믿어 라기보단 구체적인 근거를 나에게 제시하며 설득한다. 그리고 할 수 있는 일들을 아주 작은 단위로 쪼갠다. 나만의 책을 내고 싶다는 바램을 가지고 글을 쓰겠다는 생각을 할 때도 내가 작가가 될 수 있을까 막연함에 미루었던 일이었는데 매일 매일 글을 쓰자 하는 마음으로 시작을 했다. 그리고 쓰고 있다.

누군가가 나에게 압력을 넣어 끌려가는 생활이 아닌 내가 계획한 일들을 스스로 책임지며 이루고자 한다. 기본적인 나에 대한 신뢰가 밑바탕이 없다면 할 수 없는 일이다. 내가 나에게 확신이 없는데 누가 나를 믿어주겠는가. 사회에서 자기 소신대로 사는 것은 자신을 끝까지 믿고 할 수 있도록 기회를 주는 것이다. 그것이 아주 현명한 계산이 아니더라도 가능성의 기회를 열어준다.

'다른 사람의 의식에서 멀어지자.'

항상 다른 사람들에게 잘 보이고 싶어 의식하며 기분을 살피는 습관이 되어버리면 점점 자기 생각이 자신만의 감각이 사라지게 된다. 저 사람이 나를 어떻게 생각할까 하며 그 사람의 기분을 마음대로 상상하며 불안해한다. 무슨 일이 벌어지면 나 때문에 일어난 일이라고 크게 자책하며 괴로워한다. 내가 원하는 일에 과감히 선택하고 가고 있는 요즘은 다른 사람들의 시선에서 벗어나려고 한다. 깊이 있게 생각하지 않고 툭툭 던지는 말에 현혹되지 않으려 한다. 누구보다도 오래 생각하고 결정한 만큼 그 과정에서 느끼는 불안감은 아직 성취되지 않은 과정의 격차라고 생각한다. 그것에 도달하는 과정에서 다른 사람들의 시선에 연연하다 보면 방향이 바뀌게 된다. 내가 바라는 것에 흔들리지 않고 다른 사람들이 어떤 말로 수군거려도 그 사람들의 기분에 의식하지 않는다. 그리고 상상한다. 지금의 아무것도 이루지 못한 것에 연연하고 있는 나의 마음을 내가 이루고자 하는 것을 상상하며 그림을 그린다. 성취해서 기뻐하는 모습을 내 머릿속에 각인을 시킨다. 그럼 주변 사람들의 시선은 아랑곳하지 않고 내가 계획한 대로 갈 수 있다.

'있는 모습 그대로를 인정하고 사랑하자.'

장미꽃, 개나리꽃, 진달래꽃 모두의 생김새와 색이 다르지만, 이들은 꽃이다. 장미꽃은 장미꽃대로 우아하면서 한겹 한겹이 사랑스럽게 모여 열정적인 붉은 빛을 내는 꽃으로 피어난다. 계절별로 다채로운 꽃들을 보며 우리가 가지고 있는 각양각색의 모습을 상상해 본다. 얼마나 아름다운 존재인가 그 자체만으로 아름다운 것을 자꾸 다른 사람과 비교를 한다.

그래서 쓸데없는 애를 쓴다. 자신이 진짜로 원해서 하기보단 누군가와 비교하며 애를 쓰는 것이다. 자신의 진짜 모습으로 사랑받을 자신이 없는 것이다. 아무리 아름다운 사람이라도 만족하지 못하면 성형중독에 빠지게 된다. 거울을 볼 때마다 자신 없는 부분만 눈에 들어와 점점 자신을 초라하게 만든다. 그래서 결국 고치고 고친다. 수백 가지의 장점 중에 한두 가지의 단점에 집중하며 세월을 허송하기보단 내가 가지고 있는 강점을 발견하는 것이 중요하다고 생각한다. 원래부터 그렇게 생긴 것을 어떻게 하는가? 그보다 더 매력적인 모습을 만들어 보면 좋겠다.

나는 팔다리가 좀 짧다. 그래서 옷을 사면 줄이고 잘라서 입어야 한다. 하지만 그에 맞는 의상을 고르면 된다. 학창시절엔 그것이 콤플렉스였지만 중년이 다된 나이에는 신체적인 조건보단 건강한 팔다리가 중요해졌다. 어떤 관점을 가지고 바라보냐에 따라 달라진다. 신체적인 부분으로 어필할 수 없다면 풍부한 표현력으로 내 동작을 어필하자면서 내가 가지고 있는 강점을 더 두드러질 수 있도록 생각을 전환한다.

'처음 마음 그대도 밀고 가자.'

뿌리가 깊은 나무는 바람에 흔들리지 않는다. 작은 가지들은 수없이 부는 바람에 흔들리지만 깊게 뿌리내린 줄기는 여전히 든든하다. 내가 왜 이 길을 가야 하는지 나 자신에게 수없이 묻고 물었던 질문에 확신을 갖고 처음 마음으로 간다. 가는 길에 수정 보완할 수 있지만 전체가 뿌리채 뽑혀버리면 영양이 부족해서 서서히 말라 죽게 될 것이다. 충분하게 자랄 수 있을 때까지 미친 듯이 열정을 다해서 해본다. 그것이 기본적인 자기 신뢰에서 비롯된다고 생각한다. 처음 먹은 마음은 어쩜 순수한 시작일 수 있다. 가미되지 않은 순수한 동기에서 시작된 출발 말이다. 언제 이런 마음을 간직할 수 있겠는가? 인생을 살아가면서 많은 후회를 하지만 그때 해보지 않은 것에 대한 후회가 가장 많이 있지 않은가? 자기 자신에게 기회를 주면 반드시 이루려고 노력하게 된다.

훌라댄스하며 초심을 지킨다는 것처럼 중요한 것은 없다. 맨 처음 가졌던 마음을 항상 기억하고 간직하자. 무엇인가를 이루려고 하면 다양한 방해요소가 생긴다. 두 마리 토끼를 동시에 잡으면 좋겠지만 그렇지 않을 때가 많다. 시간이 많으면 돈이 없고 돈이 있으면 시간이 없다. 그래서 내가 선택한 것에 확신이 드는 초심이 흔들리게 된다. 흔들리는 방황이 생각 속에서 시작되고 끝이 난다. 그 방황 속에서 놓지 말아야 할 것은 확실히 결정한 처음 마음이다. 그것은 누구의 말에도 흔들리지 않고 일정표대로 한 걸음씩 걸어가는 것이다. 변질되어 가려는 초심을 깨끗한 물에 항상 정화해야 한다. 자기 모습을 사랑하며 인정하자. 내가 가지고 있는 초심에 확실한 믿음으로 이루며 가는 발걸음이 얼마나 아름다운가?

제3장
훌라댄스 강사되는 법

나 자신을 믿어라

사람은 두 번 태어난다고 한다. 첫 번째는 육신의 모습으로 태어나고 두 번째는 자기 자신으로 태어난다. 첫 번째 선택은 마음대로 조정할 수 없지만 나 자신이 새로운 세상을 살아가는 것은 본인의 노력으로 얼마든지 만들어 갈 수 있다. 자기 자신으로 태어난다는 것은 자기를 아는 것에서부터 시작된다고 생각한다. 자기 자신의 상태를 파악하고 모든 것을 버리고 비우면서 아무것도 없는 상태에서 다시 시작하는 것과 같다. 내가 짊어진 무겁고 버거운 짐을 내려놓고 나 자신의 깊은 갈망의 소리를 외면하지 않고 들을 수 있는 마음을 알아채는 것부터 시작이다. 내가 지금 사는 인생의 주인공은 누구인가?

매일 아침 일어나서 하는 일 중 가장 먼저 하는 일은 거울 보며 웃어준다. 감사함으로 깨어나 거울 속의 나에게 "굿모닝!" 인사를 한다. 그리고 조금 용기가 필요한 날은 "할 수 있어!" 하며 엄지 척을 해준다. 그럼 너무도 당당하게 웃어준다. 그것의 연속적인 현상이 너무도 당연해지는 나의 습관이 되었다. 무심코 지나갈 것 같은 찰나에 나는 다시 한번 나를 바라본다. 내가 나를 믿어주는 것은 무엇일까? 모두가 자기를 소중하게 생각한다. 그래서 사람들은 이기적이라는 말을 많이 한다. 자기밖에 모른다는 말이 여기서 나온 말이다. 하지만 진정으로 자신을 믿는다는 것은 오로지 자신만을 위해서 살아가지는 않는다. 자신을 사랑하는 만큼 다른 사람을 존중하게 된다. 내가 소중하니까 다른 사람은 더 소중하게 생각한다. 그리고 있는 그대로 바라봐주기 때문에 더하고 빼지 않는 시선으로 다른 사람을 보게 된다.

화장하지 않은 아침의 내 얼굴이 얼마나 이쁠까 생각하지만, 그때가 나는 가장 아름다운 모습으로 비친다. 새 아침에 온전히 마주한 나를 보는 시간에 그 환함은 첨가하지 않은 순수함이다. 그 너머의 아지랑이처럼 피어오르는 환희가 있다. 그 짧은 시간에 나는 나의 내면에서 원하고 있는 모든 것들의 에너지와 마주 대하고 있다.

'내가 자랑스러운가! 내가 사랑스러워지는가! 내가 좋아지는가!' 그렇다고 대답할 수 있는 그 찰나를 나는 계속 만들어 간다. 누군가가 만들어 줄 수 없는 시간을 나는 혼자 만들고 즐기는 것 같다. 그것이 반복되고 반복되면 대단한 아침의 의식은 나를 더 강하게 만들어 준다.

내가 누구인가를 안다는 것처럼 행복한 것은 없다. 세상에서 제일 부자가 누구인지를 알아버렸다. 소유냐 무소유냐의 개념을 떠나 마음 부자인 사람을 만났다. 버츄프로젝트라는 모임에서 인성교육을 받았다. 깊은 동굴에 박혀있는 보석을 캐내어 반짝반짝 빛나게 해주는 일이 인성교육이라고 했다. 사람들에게 있는 보석 같은 마음을 다양한 도구를 통해 알게 해주는 과정이다. 그중에서 매력적인 것은 그것을 총괄하는 리더분이셨다. 아침에 물의 정원에서 산책하신다고 한다. "나를 위해서 이렇게 멋진 곳을 만들어 놓다니" 하며 행복하게 웃으시는 표정을 잊지 못한다. 나는 그때 사람들은 본인의 이름으로 새겨진 것이 소유라고 생각하지만 참 소유는 누리는 사람이라는 생각을 했다. 필요에 의한 몇 가지만 가지고 있을 뿐 너무 많은 혜택이 있는 데도 제대로 사용하고 있지 않다는 것이다. 사실 그런 여유조차 없다는 것이 문제이다. 그런 사람들이 진짜 부자가 아닌가?

내 손에 있어야만 내 것이 아니다. 진짜로 누리고 활용할 수 있는 것들이 우리 주변에 너무 많다는 것을 알고 보니 내 집처럼 이용하는 곳들이 점점 많아진다. 우리나라 국민이라면 공공시설들이 많이 있는데 알지 못해서 못 활용하는 것들이 있었다는 것을 새삼 느낀다.

사람들은 왜 움츠러들고 자신이 없어 할까 생각해봤다. 때때로 두려움이라는 것이 생기는 이유를 곰곰이 생각해 봤을 때 그 이유는 다른 사람들을 본다. '다른 사람이 나를 어떻게 생각할까?' '다른 사람들은 잘하는데 나는 왜 잘 안 되지?' 하고 생각한다. 내가 지금 이러고 있는 것이 다른 사람들의 눈에 얼마나 한심하게 생각이 들겠어. 누구는 얼마를 벌고 누구는 건물이 몇 개고 하며 다른 사람들이 이루어놓은 성공 앞에서 자신은 한없이 작아지게 만든다. 다른 사람들의 눈을 통해서 나를 보는 것부터 잘못된 시작이다. 각자 모든 사람은 처음부터 다른 사람들이다. 어떤 기준점이 있는 것도 아닌데 평가라는 그물에서 벗어날 수 없다. 모두가 완벽한 존재로 태어났다. 완벽하다는 것은 온전하고 가치 있다는 것이다. 존재만으로 값진 인생인데 누구의 인생과 비교할 수 있겠는가! 본 모습 자체로 이 땅에 태어난 이유가 있고 존재 자체가 소중한 것이다. 상대적인 비교 대상자로 잘게 잘게 토막 내서 비교하는 것이 습관이 되어있다. 내가 가지고 있는 매력이 얼마나 많은지 하나하나를 발굴해서 빛나게 하는 것이 소중한 작업이다. 누군가가 해주지 않는다. 자신이 연마해야 한다. 자기에게 가지는 확신의 소망이 다듬어지고 깨어지면서 서서히 빛이 나게 되면 저절로 그 광채로 인해 영향력이 생기는 것이다. 자신이 얼마나 소중한 존재라는 것 누구도 흉내 낼 수 없는 완벽한 존재라는 것을 깨달아야 한다.

자신에게 허락된 무의미한 시간 속에서 의미를 찾으려는 놀이가 행복이라고 말한다. 나에게 허락된 무수히 많은 시간을 두려움으로 그냥 살아가는 것이 아깝다. 한번 태어난 세상 속에서 아주 작은 빛이라도 내고 가야 한다는 생각이 든다. 그것은 무의미한 시간에서 의미를 발견하는 것이다. 그 의미는 내가 만들어 가는 세상이다. 그냥 저절로 살아가는 것이 아닌 의미를 만들어 가는 나만의 세상을 찾고 그것에 나 자신을 데려가는 것에서 출발하는 것이다. 모두가 가진 완벽하고 소중한 존재의 의미를 무엇으로 표현하겠는가? 나를 새롭게 설정하려고 노력하고 인정하는 것부터 시작이다. 존재, 그것이야말로 어떤 어려운 고비가 와도 오뚝이처럼 일어설 힘을 준다. 못할 것이 무엇인가 내가 가지고 있는 것에 집중하고 다른 사람이 잘하면 손뼉 쳐주고 축하해주면 그만이다. 그 박수 속에서 나를 쳐다보면서 좌절하는 습관은 버려야 한다. 자신의 마음을 지키는 것이 두려움을 극복하는 것이다. 더 비교의 대상에서 내려와야 자유로워질 수 있다. 무엇이 중요한지 곰곰이 생각해보면 알 수 있다. 자신에게 허락한 것에 집중하면 용기가 난다. 의도적인 연습을 반복하면 모든 것이 쉬워진다. 내가 틈틈이 하는 방법이다. 거울 보고 한 번 웃어주는 것의 의미는 나는 너를 믿는다. 그래서 오늘도 새로운 시작을 너와 함께한다는 뜻이다.

누군가를 가르치고 지도하는 자격을 가지려면 첫 번째 시작은 나 자신을 믿는 것이다. 내가 서 있는 곳이 중심이라는 굳은 믿음이 필요하다. 나의 존재가 얼마나 아름다운지 얼마나 소중한지를 말이다. 그래서 이 땅에 태어나 완벽한 내가 할 수 있는 것을 찾아서 반짝반짝 빛나게 하면 된다. 누가 만들어 주지 않는다. 내가 계속 노력하고 시도하고 부딪혀보면서 만들어 가는 것이다. 내 가치를 인정하고 믿어주는 것부터 시작이다. 그래야 언젠가 다른 사람들이 그 빛을 발견하게 된다. 나는 어떤 보석인가? 내가 가지고 있는 색은 무엇인가? 누구와 비교될 수 없는 나만의 보석을 위하여 나를 바라보자. 무궁무진한 가능성의 빛나는 보석을 발견한 내가 먼저 감동해야 하지 않겠는가 그 환희의 기쁨으로 인해 연마하는 길에서 행복해질 것이다. 나 자신을 믿어라! 그러면 기회는 반드시 온다.

경력 없어도 괜찮아

새로운 일을 시작할 때 가장 필요한 것이 있다. 경력이다. 그 일을 해본 사람은 조금 능숙하고 쉽게 다루지만 아무래도 처음인 사람은 미숙하다. 대처하는 능력이 아무래도 떨어진다. 이력서 몇 줄 적을 수 있는 경험이 있는 사람은 우대를 받는다. 그리고 다른 사람들과의 경쟁에서 좋은 점수를 받고 시작한다. 경력이란 무엇일까? 일정 기간 여러 가지를 겪어내고 경험한 일들이라고 사전적 의미가 있다. '커리어'라고 말한다. 나만의 경력을 만들어 가는 것은 그래서 중요하다. 있는 것과 없는 것의 차이는 확연히 다르다. 하지만 경력이 있어야만 할 수 있을까?

퇴사하고 바로 훌라댄스 강사가 되어 보겠다고 여기저기 공공기관에 이력서를 제출했다. 춤을 추어본 경험은 있지만, 훌라댄스를 가르칠만

한 이력이 턱없이 부족한 이력이기에 여러 통의 이력서는 아무 의미가 없었다. 전화로 문의해보면 "다른 분야가 너무 많아서 아직 프로그램을 진행할 계획이 없습니다" 다음 기회를 기다리라는 말뿐 내가 할 수 있는 일은 없었다. 부족한 이력을 채우려면 나는 강사가 되어야 한다. 하지만 경력이 부족하다는 이유로 계속 내게 기회가 안 오는 것 같았다. 그렇게 3개월이 흘렀다. 컴퓨터 앞에서 여기저기 검색하고 이력서를 넣고 이것이 반복되는 초조한 시간이었다. 그래서 '내가 경력을 만들자'라는 오기가 생겼다. mkyu에서 운영하는 챌린지클래스에 리더가 되어 내가 가지고 있는 재능을 가르치는 도전을 했다. 물론 처음엔 떨어졌다. 온라인으로 가르치는 것이기에 훌라댄스라는 춤을 온라인으로 배우는 것에 선입견이 있었을 것이 분명하다. 300명이 신청한 프로그램 중 단 60명의 클래스를 선별하는 것도 어려움이 있었을 것이다. 또 도전했다. 정면승부, 어떻게 하면 나를 뽑아 줄까 많은 고민을 했다. 그리고 만들어낸 방법은 영상을 만들어 제공하고 언제 어느 때나 많은 사람이 배울 수 있도록 하자라는 생각으로 꼼꼼히 기획서를 작성했다. 다행히 합격했다. 그다음 날 파우스커트 4개를 가방에 담고 한강 산책로에서 영상을 찍기 위해 갔다. 야외에서 파란 하늘과 푸르른 나무를 배경으로 영상자료를 찍기 위해서이다. 찍다가 사람들이 지나가면 멈추고 다 지나가면 다시 시작하고 약간의 멋쩍음이 있어 내 동작은 움츠러들고 있었던 기분이다. 하지만 얼마나 시간이 지났을까 번갈아 옷을 갈아입으며 동작을 하는데 지나가는 분들이 "아주 멋져요" 하며 응원을 해주는 것이 반갑기도 했다.

원하는 분량이 나오기까지 푸른 하늘과 푸르른 나무, 8월의 뜨거운 태양은 나의 열정과 함께 익어갔다. 실내에서 동작 설명하는 여러 가지 영상을 병행하며 11일의 과정을 무사히 마쳤다. 반복된 경험은 '아! 이런 것이 이력이 되겠다'라고 생각이 들었다. 정해진 기관에서 정해진 시간에 쌓인 날들의 누적들보다 다양한 것에 도전하고 경험한 노력이 경력에 들어가지는 않는다. 내가 경력을 만들겠다고 생각한 그때부터 생각이 많이 달라졌다. 그리고 다양한 경험에 도전하는 것을 무서워하지 않았다.

하와이훌라클럽을 만들고 싶었다. 훌라댄스를 하는 동우회이다. '당근마켓'이라는 온라인 서비스를 이용해 보자는 아이디어가 떠올랐다. 중고물품을 서로 교환하는 사이트인데 지역 커뮤니티로 활발한 활동이 이루어진다는 이야기를 들었다. 하지만 물품이 아닌 재능을 팔 수 있을까 반신반의했지만 내 심정은 절박했다. '하와이훌라클럽' 1기를 모집한다는 내용으로 정성껏 이미지를 만들고 공고모집을 시작했다. 하루, 이틀 댓글이 달리면서 신기하게 회원들과 연결이 되었다. 그리고 미팅을 하면서 좋은 취지로 훌라댄스 동우회 모임을 시작하려고 한다는 이야기를 했더니 친한 지인들을 소개해주어서 한 번도 만나지 못했던 일들을 할 수 있는 경험을 하게 되었다. 집 가까운 곳에 삼면이 거울이 달린 멋진 장소에서 회원님들과 훌라댄스를 하고 있으면 너무도 행복했다. 처음 배우기에 잘 하지는 못하지만 애써 따라 하고 싶어 질문하며 배우는 열정에 나의 애씀은 더욱 뜨거워졌다. 내가 만들어 가는 경력이 하나하나 쌓여갔다.

사회 생활을 오래 한 사람들은 비슷한 패턴의 일을 잘 소화할 수 있는 능력이 있다. 그래서 자기 자신의 제일 잘하는 분야를 개척하는 그것은 마음먹기에 달렸다고 생각한다. 누구나 처음은 있다. 그 처음이 부끄러워 소심해질 필요는 없다. 꾸준히 하게 되면 그 처음이 경력자로 변화되는 것이다. 경력이 많아진다는 것은 그 분야에서 생각하고 다양한 경험이 있어서 유연해질 수 있다는 것이다. 완전초보가 가진 흥미와 열정을 더해 도전하게 되면 할 수 있다. 포기하지 않으면 내가 만든 경력으로 충분히 자신이 하고 싶은 무대를 만들 수 있다. 기다리는 동안 '나는 부족한 사람이야, 경력이 없어서 할 수 없어.'라고 자기 자신의 현재 모습에 머물러 있지 말고 내가 하고 싶은 모습을 상상하고 내 미래의 나를 위해 현재 내가 무엇을 할 수 있는지 고민하게 되면 길이 보인다. 할 수 있는 일이 반드시 생긴다. 내가 할 수 있는 수준의 일들부터 만들어 가는 자신감이 있으면 된다. 내가 가지고 있는 조그마한 가능성이 어마어마한 힘을 만들어 준다는 것을 많이 느낀다. 절대 포기하지 않으면 기회는 주어진다. 그리고 계속해서 내가 할 수 있는 일을 찾아가면 된다.

'경력이 없으면 어때, 내가 만들면 되지!' 이런 자신감이 내게 경력을 만들어 주었다. '나는 경력이 없어 아무것도 할 수 없어.' 하며 주저앉아 있었다면 아마 아무것도 이룰 수 없었을 것이다. 누구나 처음은 있다. 그 처음에 실수할 수 있고 미숙할 수 있다. 그것은 당연하다. 누구나 떨리는 처음은 있기 마련이지만 난 그때가 더 소중하다고 생각한다. 내가 글을 쓰고 싶어진 것도 사실 이 때문이다. 내가 경험한 6개월이란 기적 같은 시간에 내가 어떤 생각을 하고 어떤 경험을 했는지 남기고 싶었다. 경력이 없어도 괜찮다. 아직 내가 알고 있는 사회는 그리 팍팍하지는 않다. 처음 마음먹고 무엇인가를 하려고 할 때 기회는 널려져 있는 것 같다. 그리고 그 기회를 실행만 하면 나의 경험으로 만들 수 있는 원동력을 마련할 수 있다. 내가 갈 수 있는 곳은 많다. 찾아보자.

나만의 콘텐츠를 완성해라

"무슨 색을 좋아하세요?"라고 물어본다면 바로 대답할 수 있는가. 중학교 1학년 담임선생님은 보라색을 무척 좋아하셨다. 40대 중반쯤 되어 보이는 국어 선생님이셨는데 보라색 안경에 화장할 때 입술 색도 보라색 같았다. 의상은 말할 것도 없이 보라색이다. 체크의 롱스커트에 네일도 보라색을 했다. 당번이면 무슨 꽃을 사야 하는지 너무도 간단했다. 보라색 꽃을 사면 선생님은 너무 좋아하셨다. 40년이 지났지만, 여전히 기억에 남는다는 것은 확실하게 나에게 각인시켜주셨기 때문이다. 그 영향일까 내가 좋아하는 색도 보라색이다. 선생님은 진보라를 좋아하셨고 나는 연보라가 좋다. 여러 가지 다른 색을 보여주어도 나의 마음에 와닿는 색이다.

요리를 잘하고 인정받기 위해선 자격증 과정을 이수한다. 그럼 어떤 분야의 요리를 해야 하는지 선택해야 한다. 한식, 중식, 일식, 양식 많은 종류에서 전문가가 되기 위해 무엇을 해야 하는지 알아야 한다. 음식마다 절차와 과정이 있는데 다 다르므로 집중해서 배우고 익히려면 자신이 관심이 있는 분야를 알아야 한다. 한식에 들어가서도 일반음식과 궁중음식 등 조리 절차와 종류에 따라 달라진다. 분명 좋아하는 것이 요리였는데 더 세부적으로 들어가면 갈수록 나누어진다. 관심 있는 분야를 자세히 들여다볼수록 쪼개어지고 나누어지면서 더 뾰족하게 자신이 할 수 있는 일이 발견된다. 우리가 학교에 다니며 배우는 과목은 정말 기본적인 소양을 익히는 종합적인 학문이라고 하면 실제로 사회에서 쓰이는 것은 실용적인 것이 많으므로 더 상세한 전문 지식이 필요한 것이다. 내가 무엇을 잘하는지 알려면 관심 분야에서 두루두루 경험해야 한다. 그리고 알게 된다. 배울 때는 힘들고 어렵지만, 점점 빠져들어 가는 것을 느낄 수 있다.

훌라댄스에도 종류가 있다. 처음에는 모든 춤을 배운다. '훌라 카히코(Hula Kahiko)' 춤은 전통악기의 리듬에 맞추어 종교적인 의식때 많이 추는 춤이다. '훌라 아우아나(Hula Auana)' 춤은 현대적인 음악에 맞추어 다양한 형태의 옷을 입고 추는 춤이다. 그중에서 대중적으로 많이 추는 춤인 '아우아나'는 자연과 사랑을 노래하는 가사가 담긴 음악으로 이루어져 아름답다. 훌라댄스를 할 때 그림 그리듯 노래 가사를 표현하는 모습은 신기하기도 하고 재미가 있다. 크리스천들이 하나님을 찬양하는 가사에 맞추어 춤을 추는 '훌라 워십(Hula Worship)'이 있는데 내가 제일 관심 있어서 하는 분야이다. 이 다양한 춤을 배우다 보면 그중에서 제일 잘 소화하고 잘 어울리는 춤이 있다. 처음에는 배우기 바빠서 따라 하기가 벅차다. 하지만 점점 배우다 보면 무엇인가 끌리는 것이 있다. 그리고 편안해지고 온몸에서 표현되는 것이 다른 느낌이 있다. 무엇인가 관심이 있다는 것은 알고 싶고 해보고 싶은 욕구가 생긴다. 그래서 관련 자료들을 찾아서 연구하게 된다. 수없이 많은 영상을 보면서 새로운 것들에 빠져들어 간다. 내가 좋아하고 관심 있는 분야가 생긴다는 것과 나만의 콘텐츠가 무엇인지 알고 있으면 좋은 점들이 있다.

'한 분야에 몰입할 수 있다.'

자신이 좋아하는 분야에 대해 정성을 들일 수 있다. 여러 가지를 한꺼번에 할 수 있는 데에는 다양한 노력이 필요하다. 하지만 자신이 좋아하는 것을 선택해서 뾰족하게 다듬어가는 과정에서 즐거움은 다르다. 파고 파다 보면 자연스럽게 새로운 연결이 이루어진다. 파생되는 알아감에서 더 찾아보게 되고 그것에 몰두하게 된다. 한정된 시간에서 집중할 수 있는 시간은 다양한 것보다 한 분야에 대한 몰입이 훨씬 유리하다는 것이다. 한 분야에 대한 다양한 정보를 또 정리하려 하면 시간이 부족하다. 자연스럽게 몰입이 이루어진다.

'누군가가 알아준다.'

나만의 정체성을 가진 것만큼 확실한 것은 없다. 무엇을 하는 사람인가 무엇을 좋아하는 사람인가를 사람들은 알게 된다. 예전에는 돈을 벌어야 성공한다고 생각하지만, 지금은 자신이 무엇을 할 수 있는지에 대한 관심이 명확한 목표가 있다는 것으로 인정을 받는다. 자신이 하고 싶은 일에 대한 열정은 뜨겁게 무엇인가를 갈망하며 살아가는 것에 대한 동경이다. 그것을 몰두하며 살아가는 사람들을 사람들은 열광한다. 그리고 진심으로 응원을 해준다.

'나누다 보면 좋아하는 사람들과 만남이 이루어진다.'

나만의 콘텐츠가 확실한 사람들의 특징은 나누고 싶어서 한다는 것이다. 사람들과의 연결이 이루어진다. 좋아하는 분야를 함께 공유하는 사람들에게 얻는 정보와 즐거움은 또 다른 에너지를 만들 수 있다. 사람들은 어렵게 얻어낸 정보를 나누면 어떻게 유지하느냐고 걱정을 한다. 하지만 사람은 성장한 만큼 그릇의 치수도 담아내는 정보도 달라진다고 생각한다. 담고 있는 정보도 비워내야 새로운 것들을 받아들일 수 있는 여유가 생기는 것이다. 사람들에게 주다 보면 얻는 것들이 생긴다. 어쩜 더 풍성해진다. 그래서 주려고 더 많은 연구와 연습을 하게 될지도 모른다.

'완성해가는 과정에서 즐거움을 찾아간다.'

처음부터 완벽해질 수 없다. 완벽이라는 것은 없을 것이다. 어제보다 오늘이 좀 더 좋아졌으면 그뿐이다. 남들보다 조금 더 빨리 노력했을 뿐이기에 강사라는 타이트를 걸고 지도를 하는 것뿐이다. 훌라댄스의 세계는 얼마나 많은 다양한 문화가 숨겨져 있고 훌라댄스를 제대로 배우기에는 턱없이 부족한 것은 사실이다. 하지만 이 분야에 관심이 있었고 남들보다 일찍 자격을 갖추었기에 시작할 수 있었다. 나만의 콘텐츠를 완성해가는 과정에서 즐거우면 되는 것이다. 새로운 경험을 하게 되면 더 궁금해지고 알아가는 과정이 흥미롭다. 내가 할 수 있는 일이 있고 즐겁게 일들을 하나하나 완수해가는 즐거움을 안다면 어떠한 어려움도 극복할 수 있다.

'나만의 콘텐츠를 갖는 것으로 자신감이 생긴다.'

누가 무어라 해도 내가 좋아한다는 것은 중요하다. 사람들은 그렇게 남 일에 관심이 없다. 그래서 다른 사람들의 시선에 사로잡혀 기분이 오락가락할 필요가 없다. 나보다 더 나에 대해 깊이 생각하는 사람은 없다. 그래서 더 남에게 물어보지 말고 내 속의 나와 대화를 해야 한다. 분명한 나와의 대화가 끝난 후의 도전과 실행이야말로 세상을 다 얻은 기분이 든다. 내가 하고 싶은 것 내가 할 수 있는 것을 하는 것만으로 뿌듯하다. 그것이 자신감을 만들어 준다. 남 눈치 볼 것 없다. 남도 똑같이 남의 눈치를 보고 있다. 결국, 살아남는 사람들의 특징은 자신에게 충실한 사람들이라고 생각한다. 자신에게 주어진 시간에 할 수 있는 일을 선택하면 된다.

　나만의 콘텐츠를 완성하는 과정은 다양한 기쁨을 준다. 누군가가 알아주면 좋겠지만 내가 선택한 길이기에 홀로 가도 즐겁다. 내가 좋아서 하는 일은 만족감이 있다. 때때로 힘들어도 이겨나가는 힘이 생긴다. 내가 무슨 색을 좋아하는지 무엇에 관심이 있는지 알고 있는 것은 없는 것과는 하늘과 땅 차이가 있다. 내가 나에 관한 관심과 확신이 있다면 다른 사람들도 반드시 인정할 때가 올 것이다. 미지근하게 살아가다 보면 도움이 필요할 때 도와줄 수 없다. 특별히 강사가 된다는 것은 남을 가르쳐야 하므로 더욱 뾰족한 자기만의 콘텐츠가 필요하다. 무엇을 가르칠 수 있는지에 대한 전문적인 것을 원하기 때문이다. 두려워할 필요가 없다. 찾았다면 완성해 보자. 그 과정을 즐기며 나만의 세계에 빠져들어가 넘치도록 채워보자.

훌라댄스, 나를 브랜딩하는 법

사람들은 명품을 좋아한다. 그것을 가지고 있으면 그 브랜드의 가치에 따라 자신도 좋은 평가를 받는다고 생각하는 것 같다. 그래서 아무리 비싸도 그것을 선호하고 소유한다. 명품은 어떻게 만들어졌고 어떻게 명품은 오래도록 변함없이 사람들의 사랑을 받을 수 있었을까에 대한 궁금증이 생긴다. 수많은 브랜드가 탄생하고 그 브랜드를 유지하고 알리기 위해 어떤 노력을 하였을까? 사람들에게 오래도록 기억되고 사랑받는 법은 무엇이었을까? 브랜드는 저절로 만들어지는 것이 아니다. 그래서 '나'라는 브랜드를 만들어 내려면 더욱더 스스로가 큰 노력을 해야 한다. 전문가가 이야기하는 브랜드란 무엇이고 무엇을 해야 하는지 알아보려고 한다.

'브랜드는 시장에서 불리는 나의 가치를 의미한다'고 한다. 시장에서 불리는 나의 이름이기 때문에 스스로 결정해야 한다. 반드시 그 분야의 최고가 되는 '전문성'이 있어야 한다. 그래서 늘 배우고 나아지려고 학습을 해야 한다. 그 분야에 최고의 자리로 급부상하고 있다는 강력한 메시지를 전달하여야 한다. 최고로 부상할 수 있다는 자신감을 브랜드 속에 녹여 내는 것이다.

홀라댄스를 배우면서 다양한 장르의 춤이 있지만 홀라워십을 최종목표로 배우기로 마음을 먹었다. 예전 일반 워십댄스를 했지만 홀라워십이 있는 것은 몰랐다. 동영상을 통해 알게 된 홀라워십은 자연스러운 골반의 움직임에 소울이 느껴지는 감동적인 표현에 사로잡혀 버렸다. 그래서 무작정 춤을 배우게 되었다. 그 춤을 추려면 기초부터 하나하나 만들어 가는 과정이 필요했다. 내가 좋아하는 한 분야를 배우기 위해서 홀라댄스에 기본적인 부분을 배우기 시작했고 그 분야에 전문성을 더하기 위해 지도자과정을 하나하나 이수하게 되었다. 끊임없이 배우고 다듬어가야 하는 것이 춤의 세계이다. 나만의 뾰족한 이미지를 만들기 위해서 나만의 할 수 있는 것에 집중했다. 그래야 지속해서 만들어 갈 수 있기 때문이다. 자기 일에 정성을 쏟아 넣어야 감동이 있고 계속할 수 있는 원동력이 생긴다.

브랜드의 성공비법은 무엇일까? 브랜드가 세상 밖으로 나오고 사람들에게 기억되고 좋아하는 방법에 몇 가지의 성공 전략이 필요하다.

첫째, 브랜드의 분명한 자기화가 필요하다.

자기화라는 것은 자기 정체성이 분명해야 한다는 것이다. 자신의 개념이 무엇인지 간단하게 보여주어야 한다는 것이다. 베네통은 '인류애' 그리고 바디샵은 '환경보호'라는 문화적 가치를 개념으로 잡았다. 벤츠는 '품격' 볼보는 '안전'이라는 이미지를 '일단 한번 해봐(Jest Do It)'라는 도전의식을 심어준 나이키 등 소비자들의 마음에 들기 위한 전략을 세운 예를 들 수 있다. 누가 들어봐도 분명히 알 수 있는 나만의 이름, 브랜드를 만들어 독특한 의미와 가치를 높여야 한다.

둘째, 브랜드를 세밀하고 일관성 있게 유지해야 한다.

브랜드에 비전을 만들어야 한다. 훌라댄스에도 사람들이 나누어진다. 춤을 연습하고 공연을 하는 댄서가 될 것인지 아니면 훌라댄스를 사람들에게 가르치는 강사가 될 것인지 약간의 차이는 있지만, 방향은 다르다고 생각한다. 나는 춤만 추는 사람이 아닌 훌라댄스를 대중화하기 위해 하와이의 춤을 사람에게 편안하게 출수 있는 춤으로 전해주고 싶다. 공연을 위한 춤은 아무래도 현란한 기교가 있어야 주목을 받는다. 그래서 춤을 출 때 자리를 이동하면서 다양한 모습으로 표현을 해야 한다. 가르치는 춤은 선곡에서 조금 다르다. 레벨에 따라 잘 선택해야 하므로 조금 더 쉽고 편하게 구성해야 한다. 하지만 둘 다 모두 할 수 있는 능력은 있어야 한다. 어느 한 가지에 빠지면 본인의 실력향상에 도움이 되지 않는다. 하지만 자신이 어떤 분야에서 무엇을 하는 사람인지에 대한 일관성 있는 모습을 보여주는 것은 중요하다.

셋째, 신뢰와 지지를 얻는 브랜드를 만드는 것이다.

브랜드가 오래 살아남을 수 있는 비결 중 가장 중요하다고 생각한다. 편안함을 느끼게 해주는 것은 상호 간의 믿음 때문이다. 너무 많은 사람에게 자신의 브랜드를 알리기 위해 수단과 방법을 가리지 않고 과대한 광고비용을 지급하는 사람들을 많이 봤다. 내 주변에도 좋은 이웃이 되어줄 수 있다. 자신만의 무기로 꾸준히 실력을 쌓아간다면 인정하게 된다.

자연스럽게 나의 브랜드를 지지하고 인정해주는 커뮤니티가 형성되게 된다. 입소문이라는 것이 정말 무섭지만 대단한 효과를 만들어낸다. 훌라댄스 수업을 하다 보면 친한 친구분들에게 소개하고 함께 오시는 경우가 많다. 자연스러운 현상이다. 좋으면 자랑하게 된다. 부담스럽지 않으면 친구가 권해주는 것을 한번은 경험하고 싶어서 한다. 그래서 유대관계가 형성되고 점차 점차 자신의 브랜드가 알려지게 되는 것이다. 신뢰와 지지를 유지하려면 또 연구하고 생각해야 한다. 더 좋은 것을 주고 싶은 마음이 들기 때문이다. 그럼 자연스럽게 브랜드는 더 견고하게 되는 것이다. 이것이 서로 주고받는 선순환이 이루어진다고 생각한다.

넷째, 브랜드를 통해 진실한 관계를 만드는 것이다.

브랜드는 혼자 아무리 멋진 것을 만들어내도 사람들이 인정하지 않으면 소용이 없다. 사람들에게 최고의 것을 살 수 있도록 해주어야 한다. 한번 만났던 사람도 우연한 기회에 또 만나게 되는 경우가 종종 있다. 한번 만나고 헤어진 사람들도 언젠가 나와 함께 할 수 있다. 그래서 언제나 최선을 다해 마음을 다해야 한다는 것이다. 사람들은 다 통하고 안다. 거짓을 만들어 내는지 과장되게 부풀어 광고하고 있는지 소비자가 무척 똑똑해졌다. 그리고 그 진실은 나에게도 마찬가지이다. 자신에게 떳떳하면 다른 사람들에게 전해진다. 정성을 다해 준비한 수업을 통해 배운 학생들의 환한 미소를 보면서 강사는 위안을 얻는다.

한 그루의 나무를 키우기 위해서 씨앗을 뿌리고 적절한 양분과 물을 주어야 잘 자라듯이 브랜드를 만들기 위해서 나만의 새로운 브랜드 씨앗을 심고 이것이 잘 자라도록 정성과 노력을 아끼지 않는다. 온갖 고난을 견뎌내고 살아남았기 때문에 그 가치가 사람들에게 전해지고 존재할 수 있다. 오래도록 브랜드를 유지하며 살아남는 것은 대단한 일이다. 많은 연구와 노력이 있었기에 가능한 일인 것이다. 나를 브랜드로 만든다는 것만큼 자랑스러운 것은 없다. 열정을 바칠 수 있는 일, 내가 좋아하고 잘할 수 있는 일로 날마다 성장하는 그것만큼 짜릿한 것이 있을까! 내가 만든 브랜드에 사람들이 열광하고 즐기는 것뿐만 아니라 행복한 놀이터가 될 수 있는 것만으로 가슴이 뛴다. 사람들이 건강하게 힐링하는 모습에서 밝은 미소가 번지며 모여드는 것이 꿈인지 생시인지 모르겠다. '성공'이라는 두 글자가 아닌 '만족'이라는 두 글자를 위해 노력하면 어떨까? 점점 변화해 가는 모습을 보며 매일매일 가꾸어가는 나의 브랜드 만들 준비가 되었는가? 나를 위해 우리를 위해 내 앞에 펼쳐진 길을 가는 것이다. 때론 두려움이 맞설 때도 있지만 새로운 도전에는 언제나 따라오는 과정이다. 용기로 자신감으로 무장하고 충분히 헤쳐나갈 수 있다. 훌라댄스 강사가 되기 위한 길에서 자신의 브랜드를 확고히 하기 위해 도전해보자.

회원 수 늘리는 비법

나를 알리는 개인 브랜딩을 위해 SNS를 많이 활용한다. 동영상으로 정보를 주고받는 유튜브, 개인의 일상생활부터 취미와 관심사 등 자신만의 이야기를 기록하는 블로그, 사진 이미지와 짧은 영상으로 간단하게 다양한 소통을 할 수 있는 인스타그램, 페이스북, 틱톡 등 수없이 많은 소셜미디어로 진화하고 있다. 스마트폰의 대중화로 그 속도는 더 빠르게 진행하고 있다. 수많은 사람과 공유할 수 있는 최적의 도구를 찾아서 꾸준히 관리하는 것은 그만큼 중요해졌다고 할 수 있다. 내가 경험한 정보들을 공개함으로 많은 사람에게 공감을 얻는 것만큼 의미 있는 일은 없을 것이다. 서로 공감하며 나를 이해하고 좋아하는 사람들을 어떻게 하면 유지하고 늘릴 수 있을까에 대한 고민은 계속된다.

나의 인스타그램은 오천 팔로워를 유지하고 있다. 훌라댄스의 활동을 본격적으로 시작할 무렵 인스타그램 부계정을 만들었다. 훌라댄스를 하는 지인들의 실시간 활동 모습을 보기만 했는데 조금 답답함을 느꼈다. 그래서 어느날 댓글을 달기 위해 부계정을 만들었다. 그리고 나의 계정이 생긴 이상 나도 인스타그램을 키워보자는 생각이 들었다. 때마침, 먼저 만 팔로워를 이루고 그 노하우를 알려주겠다고 누군가가 회원을 모집했고 나는 신청해서 꾸준하게 활동을 시작하게 되었다. 그 노하우는 자신의 노력이 있어야 했다. 하루 한 개는 반드시 올려야 했고 적어도 다른 사람들의 계정을 찾아다니며 '좋아요'를 눌러주어야 했다. 그래서 규칙적인 활동을 미친 듯이 3개월을 꾸준히 했다. 시간을 나누어 아침, 점심, 저녁때 댓글 달고 손가락 바닥이 감각이 없어질 정도로 피드를 보면서 '좋아요'를 눌러주었다. 그렇게 천 팔로워, 삼천 팔로워, 그리고 1년이 넘어서야 오천 팔로워를 만들 수 있었다. 정말 내가 활동할 때는 팔로워가 늘어나는데 잠시 방심을 하면 멈춘다. 수없이 많은 피드를 보면서 자연스럽게 공부할 수 있었다. 어떤 것을 사람들이 좋아하는지 사람들이 올리는 내용을 통해 내가 살아가는 방식을 간접적으로 배우게 된 것 같다. 기계적인 작업이었지만 어쩜 나와의 도전의 시간이기도 했다. 꼭 이루고 싶은 목표 숫자를 만들고 성공하고 또 도전하고 그 과정을 되풀이하면서 알게 되었다. 회원을 늘린다는 것은 관심이라는 사실을 말이다. 그중에서도 계속해서 꾸준하게 인친이 되어 서로의 관심을 칭찬하고 응원을 해준다. 지금은 숫자를 늘리는 것에 집중하는 것이 아니라 소통을 하면서 늘려갔다. 물론 아주 느리게 진행되지만 소중한 소통의 창구가 된다.

훌라댄스 수업은 두 가지 방식으로 진행한다. 혼자서 모집하고 가르치는 방식과 센터에서 모집해주고 가르치는 방식이다. 장단점이 있다. 말 그대로 혼자서 모집할 때는 마케팅이 필요하다. 사람들에게 내가 하는 일정을 알리고 모아야 한다. 내가 쓰는 방식은 우선 예쁜 이미지로 카드를 만들고 SNS에 올린다. 그리고 관심 있는 사람들에게 DM을 보내는 것이다. 첫 회원을 모집할 때 당근마켓에 올렸다. 지역 기반으로 한 플랫폼이기에 반응이 왔다. 처음 다섯 명이 나에게 훌라댄스를 하기 위한 소중한 시작의 씨앗이 되어 주었다. 그리고 내가 가는 곳 어디든지 자기소개를 할 때 훌라댄스 하는 사람이라고 당당하게 밝혔다. 내가 나를 알리는 것도 필요하다는 생각이 든다. 나의 정체성을 분명히 해야 무엇을 하는 사람인지 알면 그것에 관심이 있는 사람이 질문한다. 그럼 자연스럽게 번호를 주고받으며 내가 하는 수업을 안내할 수 있다. 나는 여러 사람을 초대한 적이 있다. 혼자서 마케팅을 한다는 것은 자기 홍보는 절대적으로 필요하지만 대놓고 약 파는 사람처럼 들이대면 도망가게 되어있다. 내가 좋아하는 것을 자연스럽게 알리는 것이다. 그리고 가장 중요한 것은 성심성의껏 지도하면 그 모임이 좋으면 다른 사람에게 소개한다. 한사람이 한 명만 데리고 와도 클래스는 차게 된다. 지도하는 노하우는 특별히 정해진 것이 없다. 사람마다 정도의 차이가 있겠지만 대부분 나의 수업은 많이 웃어준다. 사실 전문적인 댄서가 되려고 오신 분들이 아니라 운동을 하기 위해 오신 분들이 대부분이기에 시간을 내어주신 것이 너무도 감사해서 참여하는 시간만큼은 많이 웃고 갈 수 있도록 해야겠다는 생각을 했다. 뻣뻣한 몸이 한 시간의 수업을 한다고 부드러워질 수는 없지만 계속해서 꾸준하게 반복할 수 있도록 자신도 모르게 운동을 하고 있다는 생각을 할 수 있도록 한다. 다행히 훌라댄스는 웃으면서 춤을 춘다. 부드럽게 몸을 움직이는 것 같지만 대단한 집중력과 운동량이 있다. 그래서 실제로 경험하시는 분들이 자신의 운동 스타일에 맞는다면 꾸준하게 하고 있다. 문화센터에서 모집해서 수업을 가는 경우도 함께 마케팅하고 같은 방법을 해야 효과적으로 회원모집을 할 수 있다. 큰 센터는 이미 확보된 회원들이 있으므로 자체적으로 문자발송만 해주어도 찾아오는 경향이 있다. 다양한 포스터를 만들고 홍보를 대신해주니 신규회원이 늘어나는 경향이 있다. 훌라댄스는 그리 많이 알려진 춤이 아니다. 그래서 궁금하게 생각한다. 특별히 원데이클래스를 열어 알지 못하는 사람들에게 경험을 하게 하면 효과적이다.

코로나 때 무료함을 달래기 위해 방구석 훌라댄스라는 테마를 만들었다. 그리고 평소 좋아하는 노래에 맞추어 동작을 하나하나 창작하고 연구하는 시간을 가졌다. 모여서 배우고 즐기는 시간이 없어서 집에서 혼자서 춤을 추려고 만들었다. 너무도 무료하고 답답했다. 그래서 유튜브를 시작했다. 내가 만든 작품을 연습해서 곡에 어울리는 의상과 장식을 하면서 즐거운 작업을 시작했다. 물론 처음에는 반응이 없었다. 그렇지만 내가 만든 작품들을 유튜브 창고에 보관하는 것으로 만족했다. 코로나 때도 나는 열심히 훌라댄스를 추면서 나를 성장시키고 있었다는 사실을 증명하기 위해서 여러 곡에 내 마음을 담았다. 점점 사람들이 봐주기 시작했다. 작품을 만든다는 것은 쉽지는 않았다. 그렇지만 집중할 수 있는 여유가 있어서 코로나로 불안하고 초조한 마음들을 달래면서 기다리는 시간에 춤을 추었다. 몇 년이 지난 어느 날 나에게 문자가 왔다. 일본에 사는데 훌라댄스를 나에게 배우고 싶다는 것이다. 유튜브를 보면서 조심스럽게 연락을 했다는 것이다. 어쩜 국경을 넘어서 진심이 통하는 순간을 경험하게 되었다. 지금은 줌으로 첫 수업을 마친 상태이다. 이제 만들어진 점이 선이 되는 순간에 노력으로 보답을 해야 하는 시간이 만들어진 것이다.

회원을 늘린다는 것은 오랜 시간이 필요하다. 금방 내가 하고 싶은 것을 알아주는 경우는 드물다. 내가 좋아하는 것을 열심히 하는 방법이 최고이다. 물이 서서히 데워져 적정 온도가 되면 뜨겁게 팔팔 끓어지게 된다. 서서히 데워지는 순간에 못 기다린다. 처음 온도를 올릴 때가 가장 에너지가 많이 들고 기다리기가 지루하다. 결과가 빨리 나오지 않는다고 포기하면 결코 좋은 결과는 만들어지지 않는다. 내가 선택한 것에 대해 자신감을 가지고 내가 먼저 즐거워하면 자연스럽게 그것에 관심이 있는 한 사람은 있을 것이다. 그 사람과 즐기다 보면 또 한 사람이 생긴다. 여기에서 중요한 것이 있다. 만약 헤어지는 순간도 생긴다. 하지만 실망할 필요는 없다. 나와의 함께 했던 순간이 즐거우면 그만이다. 가는 사람을 붙잡으려 애쓰지 말고 있는 사람들에게 더 많은 사랑을 주면 된다. 아직 SNS 계정이 없다면 만들기를 추천한다. 이제는 사람들과의 소통이 이루어지는 장소에 적극적으로 자신을 알리면서 함께 성장하는 것도 중요해졌다. 겁내지 말고 시도하다 보면 배우게 될 것이다. 변화하는 세상에 과감히 자신을 드러내 보자. 자신의 목소리를 내고 당당히 표현해 보자.

훌라댄스 자격증 취득에 도전해라

배움이란 무엇인가 차근차근 쌓아 올라가는 것이다. 새로운 발견을 하며 하나씩 깨달아지면서 또 다른 실행을 하게 된다. 배운다는 것은 '왜?' '어떻게?'라는 질문의 해답을 해준다. 그것이 실질적인 상황에서든 간접적인 상황에서든 생각의 확장을 가져오기 때문에 유익하다. 그래서 무엇인가 관심이 있는 것은 책으로, 영상으로, 또는 직접 찾아가서 배움의 기회를 얻으려고 노력한다. 요즘은 검색하면 내가 배우고자 하는 다양한 프로그램이 참 많다. 알아보고 깊이 파보고 찾아보면 결국 만나게 되고 알게 된다.

처음 회사 대표가 되면서 경영이란 두 글자가 정말 낯설게 느껴졌다. 어디서부터 어떻게 해야 하는지 몰랐었다. 운영이야 그럭저럭 해오던 데로 끌고 갈 수 있지만 제대로 해보고 싶은 마음이 들었다. 그래서 온라인 MBA 과정을 등록하여 처음부터 차근차근 배워갔다. 기본적인 경영학 이론과 전략적인 경영 운영방법 그리고 인사, 회계, 마케팅 등을 배워가며 실제로 하나하나 적용해가며 이해하기 시작했다. 중소기업이든 대기업이든 규모만 다를 뿐 돌아가는 모든 원리는 같을 것이다. 차츰차츰 오프라인특강이 있으면 적극적으로 찾아가 사례들을 배워가며 점점 성공하는 대표가 되기 위해 노력해 갔다. 점점 재미있어지고 자신감이 생기기 시작했다. 그리고 끊임없는 배움은 또 다른 배움이 연결되어 행복한 경영을 하기 위해 경영대학, 대학원에 등록해서 깊이 있는 과정을 이수하게 되었다.

홀라댄스를 배우려고 마음먹고 찾아보았을 때 자격증과정과 문화센터에서 취미로 배우는 과정이 있는데 고민을 했다. 처음부터 팍세게 배울 필요가 있겠는가? 홀라댄스를 오래 할 거니까 우선 문화센터에서 감각을 익히고 나중에 전문적으로 배워봐야겠다는 판단이 들었다. 그리고 다행히 집 가까운 곳의 수업을 매주 토요일마다 배우기 시작했다. 아무 생각 없이 정해진 시간에 가서 음악에 맞추어 춤을 추고 오는 것이다. 스트레스를 날려버리고 힐링하는 행복한 시간이었다. 추고 나면 허리 부분이 뻐근했다. 너무나 신나게 몸을 움직였구나 하며 당연한 것으로 생각을 했다. 지금 생각하면 올바른 자세가 아니었기에 선생님 따라 자세를 엉성하게 잡고 흉내 내기를 했기 때문이라는 생각이 든다. 1년 가까이 배울 때쯤에 함께 배우는 다른 친구가 훌라댄스 지도자 과정을 들으려고 한다고 함께 배우지 않겠냐고 물어봤다. 내 나름대로는 이제는 자격증 과정을 배워도 되겠다는 생각을 했다. 하와이 문화에 대한 역사 이야기, 하와이어, 무엇보다 기본자세 등 자세한 가르침 위에 작품을 배우니 이해가 빠르게 되었다. 취미로 배울 때의 1년과 자격증 과정의 6개월은 질적으로 차이가 있었다. 그것은 나의 마음가짐이 달라졌다는 데 있다. 동작을 암기하지 않아도 선생님 따라서 즐기던 자세가 이제 내 것을 만들어야 하므로 수업을 듣고 반복해서 연습하게 된다. 수업 시간 외에 내가 혼자서 연구하는 시간이 필요했다. 그것은 큰 차이가 있다고 생각한다. 좋아서 관심을 가지는 폭이 아주 넓어졌다. 점차 나의 동작도 하나하나 수정이 되어 갔다. 그리고 2급 자격증 과정에서, 1급 자격증에 도전하며 어려운 동작들을 습득해가며 동작들이 정교해졌다. 그리고 내가 배우고 싶었던 훌라워십을 배울쯤엔 훌라댄스가 내 생활의 일부가 되어 훌라댄스를 가르치고 싶다는 마음이 차올랐다.

배움은 사람들에게서 배운다. 매주 토요일 6시간 동안 반복해서 훌라댄스 수업을 들었다. 2018, 2019년 횟수로 2년이란 시간을 그렇게 훌라댄스에 빠져있었다. 혼자 배웠다면 자격증 단계를 끝까지 배워갈때 외로웠을 것이다. 하지만 함께 배우는 친구들과 점점 실력이 늘어나는 것을 지켜보면 보람을 느끼는 것이 배가 된다. 함께 배웠던 동기들과 배고

픈 허기를 달래기 위해 식사와 차 마시는 시간을 갖는다. 그 시간은 늦은 저녁 시간까지 채워진다. 하지만 그때 진짜 훌라댄스의 정보를 제일 많이 듣는 시간이다. 자세에 관한 이야기를 참 많이 하는데 내가 이해하기 쉽게 설명을 해주니 그것이 내 머릿속에 각인이 되어 연습할 때 도움이 많이 된다. 관심이 같은 사람들이 모이면 재미있다. 역시 다들 훌라댄스에 빠져있기에 한 마디 한 마디가 유익한 정보가 쏟아져나오면서 실제적인 도움이 된다. 그리고 한 발 한 발 꿈을 향해 가는 과정을 더욱 즐겁게 해준다.

자격증 꼭 있어야 할까? 배우면 그만이지 자격증이 무슨 의미가 있을까? 생각할 때가 있었다. 하지만 이제 본격적으로 강사활동을 시작하고 보니 자격증을 하나라도 가지고 있어야 유리하단 생각을 한다. 누구를 가르칠 자격이 얼마나 있는지 운영자들은 판단하기 어렵다. 일반적인 무용은 대학에서 전공하면 되겠지만 특수한 콘텐츠는 증명할 길이 없다. 그렇다고 하와이에 가서 직접 배우면 진짜 좋겠지만 그런 상황과 환경이 주어지지 않기 때문에 대신 공부하고 오신 선생님에게 배워서 인정을 받는 것이다. 그것이 제일 빠른 길이다. 그것이 자격증을 받아야 하는 이유가 된다. 물론 취미로 그냥 배우고 싶으면 자격증이 필요하지 않다. 하물며 운전하려고 해도 운전면허증이 필요하다. 누구한테 어디서 배운 것은 중요하지 않다. 운전할만한 실력이 되면 인정해주는 것과 같다. 운전면허증이 있으면 운전을 해도 좋다는 증명이 되는 것처럼 어떤 종목의 공부를 하고 그것을 증명하는 자격증은 필요하다고 생각한다.

자격증을 따고 나서가 시작이다. 사람들은 자격증을 취득하면 완전 그 분야에 도사가 된 것처럼 생각한다. 하지만 그 분야에 입문을 한 것이지 완전한 성숙단계는 아니다. 분명 그 부분은 공부해 본 사람은 알 것이다. 그 분야의 전문가가 되려면 자기화 과정이 필요하다. 파고 파도 끊임없는 배움의 길에 들어선 것이다. 알게 되면 지난날 내가 부끄러워진다. 그래도 하고 있다는 것이 중요하다. 무엇인가 관심 있는 분야가 있다는 것, 더 전문적인 사람이 되려고 노력한다는 것이 중요하다. 막연하게 무언가를 해야 하는데 하고 생각만 한다면 이루어지지 않지만, 자격증을 따고 나서 관심 있는 분야에 입문하고 나면 보이는 것이 있다. 예전에 무심코 지나가는 것 하나에도 연관이 돼서 스스로가 생각하게 된다. 더 잘하고 싶은 노력을 하게 된다. 요즘은 SNS에 좋은 자료들이 많아서 비교해가면서 좋은 것들을 찾아서 배울 수 있다.

훌라댄스 자격증취득에 도전해라! 이왕이면 전문적인 과정에 입문해서 제대로 배운다면 취미 생활에도 도움이 될 것이다. 마음가짐이 달라진다. 그냥 즐기는 것과 알면서 즐기는 것은 차원이 다른 것 같다. 내가 이 동작을 왜 하는지 알게 되면 섬세해진다. 의미를 생각하게 되고 깊이 있게 표현을 할 수 있다. 그럼 더 재밌어진다. 잠깐 추고 마는 춤이 아니라면 깊이 있게 내 것으로 만들기 원한다면 자격증과정에 입문해 보는 것도 좋다. 시험에 통과하고 받는 자격증 종이 한 장이지만 그 과정에서 땀과 노력의 보람이 느껴질 것이기 때문이다. 그리고 배워본 사람은 배우는 사람의 상황을 이해할 수 있다. 무엇을 필요로 하는지 무엇을 가르쳤으면 좋겠는지 그것을 쉽게 풀어 수업자료를 쓰면 좋은 강사가 될 수 있다.

　관심 있는 분야에 입문하고 내공을 쌓아가는 것이 배움의 시작이다. 미래를 위한 준비 자격증 취득에 도전해보라!

취미로 즐길 때와 가르칠 때는 다르다

"배우는 것은 수동태, 가르치는 것은 능동태이다."

처음 훌라댄스를 배울 때 문화센터라는 장소를 선택했다. 부담 없이 즐기고 싶었기 때문이다. 직장에서 온전한 5일을 보내고 일주일에 한 번 주말에 가서 선생님이 가르쳐주는 훌라댄스 삼매경에 빠지면 그렇게 좋을 수가 없었다. 춤이라는 장르는 몸을 움직여야 한다. 그래서 생각의 잡념이 사라진다. 노래와 가사에 맞추어 춤추기가 바쁜데 무슨 쓸데없는 생각이 나겠는가! 지도하시는 한 동작 한 동작에 열중하며 리듬에 맞추어 흥겹게 춤을 추는 것이 전부다. 오로지 나에게 집중하는 훌라댄스 시간은 모든 스트레스를 풀고 홀가분한 마음으로 힐링하는 시간이고 행복한 시간이었다.

배우기만 했던 내가 요즘은 강사가 되어 가르친다. 가르친다는 것은 배우는 대상자가 있다는 것이다. 회원에게 내가 알고 있는 훌라댄스의 지식을 전달해야 한다. 대상자의 나이를 고려해 작품을 선택해서 계획표를 짜고 안무 하나의 속뜻을 파헤치면서 박자에 맞추어 연결한다. 내가 출 때는 저절로 움직이는 것을 다른 사람에게 설명을 해주어야 하니 동작을 분해하지 않으면 설명할 수 없어진다. 쪼개기 수업을 준비하면서 자세한 내용이 궁금해졌다. 그러고 보니 내 공부가 저절로 된다. 어떻게 동작을 언어로 설명을 할까 공부를 하게 된다. 동작으로 이어지는 동선을 회원들은 어려워한다. 스쳐 지나가듯 가버려야 하는 빈 곳의 스윙을 빠르게 넘어가면 파악할 수 없어서 콕 집어서 보이지 않는 동작도 설명을 해주어 정확한 동작이 이어지도록 설명하게 된다. 이것 참 배울 때보다 진도가 안 나간다. 가르칠 때 말을 많이 하게 되는 것이 당연해지는 것이다.

질문할 것을 내가 만든다. 많이 가르치다 보면 회원들이 잘 안 되는 부분이 있다. 궁금해하는 부분이 있다는 것을 알게 된다. 그때 그 질문을 내가 해주는 것이다. 예를 들면 '카오'동작을 할 때 뒷꿈치를 들어도 되나요? 수업을 하고 나면 허리가 뻐근한데 왜 그럴까요? 무릎을 얼마만큼 굽혀야 할까요? 등등 수많은 궁금증이 생길텐데 회원들은 그냥 넘길 때가 있다. 이때 가르치면서 궁금한 부분이 나올 때쯤 내가 질문을 해버린다. 그것은 내가 배울 때 궁금했던 기억들을 더듬어 본다. 시간이 많이 흘러서 '아 이 동작은 이런 것이었는데 이렇게 하고 있었네' 하며 동작을 수정할 때가 있었다. 그것은 질문 하지 않고 내 방식대로 그냥 해석했기 때문이다. 이 부분을 내가 먼저 알아차리고 잘못된 반복을 하지 않기 위해 친절하게 먼저 설명을 해주고 싶은 마음이 생겼다. 아무렇지 않게 넘길 부분도 있겠지만 미처 생각하지 못한 그것을 짚어주면서 재확인하는 것이다. 그럼 기억에 오래 남아서 자꾸 생각하게 된다.

쉽고 편안하게 설명하려고 연구한다. 내가 처음 만난 회원들의 나이는 50대, 60대 정도였다. 그리고 처음 배우는 대부분 초보였다. 색다른 춤을 배우는 기대가 많은 분에게 어려운 동작을 나 따라 해보라고 해서는 금방 흥미를 잃을 것이 분명했다. 내가 원하는 것은 자신의 운동을 만들어 즐기는 것이기에 무조건 재미있어야 한다는 것이다. 그럼 쉽게 다가와야 한다. 그리고 충분히 땀을 흘려야 한다는 것이다. 다른 반복된 동작을 연거푸 하는 춤보다 노래의 가사에 맞추어 손동작을 이어나가야 하므로 무언가 아름답지만 잘못하면 복잡해질 수 있다. 하지만 암기하려고 노력하는 것만으로 치매 예방과 기억력증진의 도움을 주는 장점이 있다. 그래서 그다음 동작, 그다음 동작 이어나갈 때 생각하게 된다. 그것을 좀 더 빨리 암기하기 위해서 동작과 가사를 최대한 연결해서 반복해서 동작을 따라 하게 해준다. 내가 말을 하면 그 동작이 저절로 나올 수 있도록 말이다. 다행히 훌라댄스는 가사를 그림 그리듯 추는 춤이기에 스토리가 분명하다. 사실 내가 하는 암기법이기도 하지만 그것을 토대로 지도를 한다. 그냥 따라 할 때는 음악의 순서도 신경 쓰지 않았지만, 곡마다 철저히 분석해서 순서도 알고 있어야 한다. 회원보다 몇 박자는 먼저 그 동작을 이야기 해야 하므로 잘 알고 있어야 한다. 가르치는 사람들은 그 모든 것을 할 수 있다. 완전한 곡을 다 연습하고 나서 회원들에게 '어떻게 이 모든 동작을 금방 암기하고 잘하세요?' 하면 '선생님이 미리 이야기해주시잖아요' 하며 대답을 한다. 내가 미리 이야기 하는 것이 도움이 된다는 것이다.

배울 때는 시간을 내가 통제할 수 없다. 선생님의 생각하는 대로 따라 갈 수밖에 없었다. 이 부분은 좀 더 하고 싶은데 이 음악을 더 틀어주셨으면 좋겠는데 하며 아쉬울 때가 있었다. 하지만 내가 강사가 되면서 모든 수업시간을 통제할 수 있는 권한이 주어졌다. 1시간 반이라는 시간을 내가 안배하고 가르쳐야 한다. 워밍업, 기본동작 다양한 스텝들을 반복하고 몸에 익힌 후에 작품을 반복한다. 새로운 작품이 나가는 것을 한꺼번에 나가는 것보다 단락 나누어서 지도한다. 너무 많은 것이 새로우면 부담감이 오기 때문에 적당한 스트레스를 주면 흥미 유발을 해줄 수 있다. 배운 것에 대한 자신감을 주기 위해서 전에 배운 것을 반복해서 알려주고 진도는 조금씩 나가는 것이다. 그러면 자신도 모르게 조금씩 잘하는 것 같은 느낌을 주게 된다. 물론 아는 것을 한다는 것은 시간 가는 줄 모르게 느끼게 해준다. 수업에서의 포인트는 시간 가는 줄 모르면서 즐겁게 지나가는 느낌을 주는 것이 중요하다는 것을 깨닫는다. 일반 수업이 아닌 원데이클래스는 더 재미있어야 한다. 하지만 처음 경험하는 사람들에게 어떻게 흥미를 줄 수 있는가? 그것은 소품이다. 춤을 단시간에 잘 가르쳐도 동작은 어설프게 나온다. 하지만 한번 즐거운 추억 거리를 남긴다는 것은 또다시 훌라댄스를 하고 싶다는 마음이 들 것이다. 그래서 하와이 춤을 출 때 쓰는 꽃목걸이를 준비해서 한 사람씩 걸어주면 무척 좋아하신다. 행복한 경험은 건강한 웃음을 선물하고 몸을 움직이면서 긍정적인 마음을 만들어주는 것이 원데이클래스의 포인트이다.

취미로 즐길 때와 가르칠 때는 천지 차이가 난다. 남에게 준다는 것은 행복하다. 특히 내가 좋아하는 것을 나누면서 자신이 나날이 성장하는 것을 느낀다면 이보다 더 좋은 것은 없다. 배운 것을 모르는 누군가에게 친절하게 가르쳐주면서 내가 깨달아진다. 배운 것을 곱씹고 내 것으로 만들어 남에게 전달하려고 노력하는 과정은 그냥 배우는 거랑 차원이 다르다. 물론 힘이 들고 긴장된다. 하지만 뿌듯하다. 내가 지도하는 것을 잘 소화하고 환한 미소로 화답해주는 회원들을 지켜보고 있으면 왠지 모르는 기쁨이 마음 깊은 곳에서 우러나온다. 근데 다가와서 "선생님 오늘 너무 즐거웠어요" 하며 이야기를 해주면 '다음에 더 잘 가르쳐야지' 하며 작은 용기가 생긴다. '틀리게 가르치면 어쩌나! 버벅거리면 창피하겠지!' 하며 뭔가 불안한 마음이 들 때도 있다. 생각하는 것과 실전에서는 완전 다르다. 떠오르지 않을 때도 있다. 그러면 음악을 들으면 된다. 동작을 모르는 것이 아니기 때문에 생각이 난다. 회원과의 충분한 유대관계를 쌓기까지는 긴장감이 있다. 나를 지지하고 팬이 되게 하는 것은 물론 시간이 필요하다. 그만큼 노력도 필요하다. 두려워하지 말고 가르치는 것에 도전해보자. 분명 얻는 것이 많을 것이다. 나의 제자가 생기는 그것만큼 뿌듯한 일은 없을 것이기 때문이다.

반복의 지루함을 이겨야 진짜 강사

내가 가장 좋아하는 일을 할 때 인내가 필요하다. 하지만 무조건 참아내고 지겹게 이겨내는 것이 아니라 좋아하는 일을 하면 재미있게 인내할 수 있다. 반복할수록 새로운 것을 알게 되고 발견한다. 즐겨내는 태도가 다르다는 것이다. 금요일 하루에 줌으로 한 시간 훌라로 수업하고 바로 하와이훌라클럽 가서 한 시간 반 수업하고 바로 온조대왕문화체육관에 가서 한 시간 수업하면 일정이 끝나는 스케줄을 만들었다. 똑같은 훌라댄스작품을 가지고 수업을 하는데 문득 똑같은 설명을 하고 춤을 추는 그것을 의식했다. 똑같은 것을 하루에 수없이 많이 반복하고 있는 것을 느꼈을 때 '이것을 앞으로 수백 번 수천 번 반복할 텐데 어떻게 할까?'라는 생각을 하게 되었다.

아침에 눈을 떠서 출근하고 저녁에 퇴근하는 반복된 직장생활을 20년 가까이 하면서 기억에 남는 것은 이렇게 꾸준히 할 수 있는 일이 있다는 것이 감사했다. 일이라는 것은 무언가 내가 필요하고 나만의 일을 하면서 신성한 노동으로 나를 증명해내고 그 수고로움의 결과로 월급을 받는 것이 아닌가. 나의 소중한 시간을 들여 내가 할 수 있는 가치를 최선을 다해 헌신할 수 있는 일을 하면서 좋은 성과를 만들어 가는 그것만큼 소중한 것은 없다고 생각한다. 하지만 좋은 일만 있는 것은 아니다. 내 마음같이 일이 척척 풀리지 않을 때도 있다. 사건 사고가 있을 때도 그것을 해결하려고 애쓰면서 새로운 경험으로 노하우가 하나씩 쌓여가는 것이다. 그런데도 그 모든 것을 감수하면서 이겨냈기 때문에 오래도록 직장생활을 할 수 있지 않을까 생각한다. 매일 반복되는 의미 없이 왔다 갔다 하는 시간이 삶에서는 분명 필요하다.

요즘은 아침에 눈을 떠서 제일 먼저 하는 일은 글을 쓰는 일이다. 글에 대한 박식한 지식이 있어서가 아니라 책을 써야 하므로 글을 쓴다. 글에 대한 글감이 있어서 글을 쓰기 시작하는 것이 아니라 노트북을 열고 하얀 백지가 펼쳐진 A4 용지를 뚫어지게 바라본다. 그리고 한줄기 문장이 떠오르는 것에 줄기를 따라 써 내려간다. 마치 아무것도 없는 도화지 위에 그림을 그려가듯 글을 써 내려가면 실타래가 풀리듯 글이 써진다. 날마다 마음을 다잡고 글에 대한 진심으로 정성을 기울인다. 주변에 들려오는 소리도 무시하고 내가 무엇을 하고 있는지 모르게 얼굴이 빨개지고 머리가 뜨거워지는 순간들을 경험하면서 써 내려간 최강도의 몰입시간이 반복되는 것이다. 그것이 낯선 경험이지만 나쁘지는 않다. 하나하나 쌓이는 글들을 보면서 '과연 이것을 내가 쓴 거야' 하며 혼자 감탄을 할 때가 있다. 내가 작가가 되겠다고 마음을 먹고 책을 쓰겠다는 생각을 한 이상 글을 써야 한다. 강한 의지가 없으면 글을 쓰는 것은 엄두가 나지 않는다. 매일 흰 백지가 나를 기다리고 있지만, 여전히 글을 쓰고 있다. 매일의 작업이 작가가 되기 위한 길에서 감수해야 할 무게 같다. 그것을 즐기느냐 아님 포기하느냐 즐기면서 감수할 때는 결과물이 남게 된다. 하지만 포기하면 아무것도 남는 것이 없다. 이 둘의 차이는 분명하다. 그만큼 무엇인가를 이루려면 수없이 많은 반복된 일을 해야 한다. 창작의 세계는 참 아름다운 것 같다. 없는 것을 있게 만드는 힘이 있고 그냥 넘어가 지나칠 수 있는 것들도 사람들이 이해할 수 있는 것으로 승화시킬 수 있다. 그것이 음악이든 글이든 그림이든 춤이든 자유로운 영혼을 가진 사람들의 끊임없는 노력의 흔적들이 아닌가? 그것을 삶에서 깊은 울림으로 다가온 것들을 이해하고 해석할 수 있다는 것이 참 신비롭다.

훌라댄스 강사가 되어서 내가 좋아하는 것을 알려주고 기쁨을 나누고 싶었다. "이렇게 좋은 것을 사람들이 모르다니!" 건강도 힐링도 유지할 수 있는 것을 빨리 알리고 싶었다. 이제 자유로운 시간을 통해 내가 하고 싶은 일을 할 수 있게 되었다. 그리고 하나씩 일정이 잡히면서 본격적인 활동을 하게 되었다. '내가 할 수 있는 일에 최선을 다해야지' 하면서 굳은 결심을 하게 된다.

몇 가지 중요한 것이 있다는 것을 느꼈다. 그것은 계속 날마다 성장해야 한다. 매번 똑같은 곡을 수없이 많은 반복을 하면서 지도를 해야 하는데 변화가 없다면 자신이 지루하고 지쳐서 힘이 들고 오래 할 수 없게 될 것이다. 작품은 동일해도 그 사이사이 가르치는 기본스텝, 가르치는 음악으로 변화를 준다든지 수업의 다양성을 주면 좀 더 신선하게 다가올 것이다. 수업하는 강사가 즐거워야지 재미있는 수업이 만들어진다고 생각한다. 무엇인가 연구를 하면 빨리 알려주고 싶고 가르치면서 어떻게 소화를 할지 궁금해서 수업이 기다려질 것이다. 사실 완벽한 것은 없다. 자신이 멋진 강사가 되기 위해 미래에 투자하고 깊게 몰입하는 것이다. 이유 있는 반복은 견디기가 좀 수월하다. 매일 똑같은 일을 하더라도 그것이 필요한 일이라면 해야 한다. 한번 할 때보다 여러 번 하게 되면 나름 가르치기가 수월해질 것이다. 처음에는 힘이 많이 들어갔지만, 힘을 빼고서 할 수 있는 경지에 다다르면 또 다른 것을 느낄 것이다.

분명한 목표를 세워두면 똑같은 것을 반복해도 참을 힘이 생긴다. '오늘 수업에는 어디까지 가르칠 거야. 이것을 잘 할 수 있도록 최대한 쉽게 가르쳐야지' 하며 수업내용을 내가 정한 목표를 분명하게 정한다. 그것이 없이 분위기에 따라 진도를 많이 나간다든지 하면 의욕은 높아지지만, 모양이 잘 나오지 않은 상태에서 어설픈 동작만 반복할 수 있다. 하나를 하더라도 제대로 표현할 수 있다면 춤을 추는 사람들의 만족도는 높아질 것이다. 하루하루의 강의계획을 분명하게 정하고 머릿속으로 생각하면서 수업을 하게 되면 시간을 잘 안배할 수가 있다. 그런 습관이 몸에 익숙해질 수 있도록 하면 서두르거나 횡설수설하지 않게 되어 좋다.

'인내하라, 무엇이든 처음에는 어렵지만, 점점 쉬워지게 마련이다.'라는 명언이 있다. 인생에서 가치 있는 것은 오랫동안 땀을 흘려야만 얻을 수 있다. 수없이 반복된 과정이야말로 땀을 흘릴 수 있는 절호의 기회이다. 땀의 댓가는 정직하다. 정직한 보답은 즐거움을 선물한다. 그것이 회원이 늘어날 수도 있는 원동력을 만들어 줄 수 있다. 많은 시간의 과정에서 오는 발전은 버티는 힘을 줄 것이다. 어느 순간 맥이 빠지고 지겹다는 생각이 들 때도 있겠지만 그 모든 과정도 끝까지 할 수 있는 의지와 함께 만들 수 있다. 땀이 주는 기쁨이 결과로 말해줄 것이다.

진짜 강사가 되고 싶다면 반복하는 것을 즐겨라. 똑같은 것을 반복해서 춤을 추어도 다르다. 회원들의 눈높이에 따라 말해야 하고 표현해야 하므로 상황에 따라 달라진다. 그 모든 것을 즐기면 된다. 내가 반복해서 가르쳐 주었는데 회원들이 변화하는 것에 기쁨을 느낀다면 지루할

틈이 없다. 콘텐츠는 중심을 이루지만 다양한 환경에 노출된 상황의 변화로 다양성을 준다면 달라 보일 것이다. 아무리 작고 사소한 것일지라도 오랫동안 꾸준히 하다가 보면 인생이 변화한다. 내가 하는 일에 대한 자부심을 느끼고 노력하는 모습이 정말 멋진 인생을 살아가는 것이라 믿는다. 내가 지루하다고 느끼는 순간 바로 회원들이 알아차린다는 것을 알아야 한다. 틈을 주지 말고 자기 자신과 내면의 가능성을 믿으면서 하면 된다. 자신을 믿고 꾸준히 노력하기만 하면 나는 어느새 진짜 강사가 되어있다. 하루하루 충실하게 끈기 있게 끝까지 밀고 나가다 보면 기분이 좋아지는 때도 있고 불편할 때도 반드시 있다. 하지만 절대 포기하지는 말자. 또 다른 방법을 모색하고 그 과정을 즐기면서 해결하다 보면 나도 모르게 성장하게 된다.

제4장
방구석, 하와이 훌라댄스

온라인시대의 고마움

"만나지 않고 춤을 출 수 있을까?"

코로나가 한참 진행될 즘에 소모임 자체도 모이지 못했다. 그래서 사람들은 아무렇지 않게 만났던 모임도 갈 수가 없었다. 매주 토요일이면 훌라댄스를 하러 갔던 모임도 갈 수가 없었다. 난생처음 경험하는 상황에서 서로의 안전을 위해서는 따라야 했다. 그래서 혼자 집에서 출 수밖에 없었다. 춤을 추고 싶어서 배우던 작품 하나하나를 음악에 맞추어 춤을 추다 보면 그 속에 빠져들어 갔다. 좁은 거실이 나의 무대가 되었다. 지나가던 식구들이 나의 손에 걸려 부딪치더라도 아랑곳하지 않고 나만의 동작을 해석하고 추기 시작했다. 이것이 내가 홀로 추는 춤의 무대인 셈이다. 더 다양한 것을 하고 싶어졌다. 특히 훌라워십을 최종적으로 배우고부터는 더 많은 작품을 만나고 싶었다. 그런데 많은 자료가 없었다. 특히 우리나라 복음성가를 이용한 작품은 손에 꼽을 정도라는 것을 알았다. 그래서 내가 창작하면 어떨까 하는 막연한 생각이 들었다. 그리고 바로 실행으로 옮겨졌다. 예전부터 들어오던 복음 성가곡을 하나 선택하고 동작을 생각하며 하나하나 만들었다. 다행인 것은 30년 전 워십댄스를 창작하며 가르치던 그때의 감각들이 아직도 살아있다는 것이 감동적이었다. 곡을 정하고 가사의 의미를 생각하고 반복해서 생각하면 어떤 동작이 떠오른다. 그리고 그것을 연결해서 표현하게 된다. 그렇게 한 곡이 두 곡이 되고 세곡이 되고 자꾸 늘어갔다. 그렇게 코로나가 여전히 끝나지 않은 상태에서 기도하는 나의 마음도 깊어만 갔다. 그래서 여전히 춤을 추며 기도하게 되고 작품을 통해 은혜의 통로가 만들어져가고 있을 때쯤 방구석 훌라댄스를 만들어보고 싶어졌다.

'유튜버가 되자!' 방구석에서 혼자 춤을 추는 것은 한계가 있었다. '몇 개월만 조심하면, 괜찮아지겠지' 했던 상황이 1년 넘게 좋아질 줄을 모르니 다른 방법을 생각할 수밖에 없었다. 내가 만든 영상을 하나하나 올려서 나와 같이 춤을 추는 사람들에게 자유롭게 보면서 따라 할 수 있게 만들고 싶었다. 협회 곡은 규정상 완곡을 올릴 수가 없다. 그래서 혼자 연구하고 만들었던 창작곡을 하나하나 준비하기 시작했다. '4060 방구석 훌라댄스' '캔디훌라걸'이라는 닉네임을 만들고 다른 캐릭터가 되어 영상을 찍어야겠다고 결심했다. 혼자 집에서 춤을 출 때는 아무것이나 입고 추면 그만인데 영상은 그렇게 찍을 수가 없었다. 어느 날, 남편이 호캉스를 가자고 제안하는 소리에 난 '아, 그거다!' 하고 생각했다. 방구석이란 콘셉트에 맞추어 좀 괜찮은 호텔 구석에서 촬영하면 좋을 것 같았다. 그리고 곡에 어울리는 의상들을 하나하나 생각하면서 준비하는데 설레이면서 기대감에 너무 즐거웠다. 아마 꿈에도 생각 못 했을 것이다. 물론 저녁까지 일정을 다 마친 상태이고 방에서 무엇을 하겠는가? 나는 춤을 출 계획이였다. 호텔 방은 생각보다 좁았지만, 고층이라 바깥 풍경이 너무 좋았다. 노을이 지어질 때 아름다운 풍경에 빠져들어 그 앞에서 춤을 추는 모습을 남편이 사진기사가 되어 나를 찍기 시작했다. 도구는 핸드폰이다. 처음에는 "뭐 이런 걸 다 가지고 오냐?"고 약간 퉁명스럽더니 예쁘게 차려입고 있는 모습에 어쩔 수 없나보다 지금은 본인이 더 열심히 나를 찍어주고 있다. 12곡 정도를 준비하고 찍었던 것 같다. 어찌나 신이 나고 재미있던지 신바람이 났다. "아! 이런 방법으로 촬영을 하면 되겠구나!" 하나의 콘셉트를 잡았다. 그다음으로 촬영하는 것들 또한 여행 가서 찍은 것들이 많다. 영상을 촬영했으니 이제 영상을 편집해야 한다. 영상 처음 도입부를 어떻게 해야 하나 그리고 가사는 들어가야 하나 생각을 하면서 만들었다. 이번에는 딸 찬스, 영상을 공부한 딸은 전문인이다. 처음에는 이렇게 해줘 저렇게 해줘 주문하지만 나는 유튜브를 잠깐 올리고 말려고 하지 않았다. 계속 작품을 만들고 싶고 그것을 올리고 싶었으니 영상편집을 내가 해야겠다는 생각이 들었다. 그래야 마음이 편할 것 같기도 하다. 솔직히 작업속도를 빨리하려면 내가 하는 편이 속이 편하다.

유튜브에 올릴 영상을 확보하고 나니 부자가 된 느낌이다. 천천히 한 주 한주 올리고 보니 제법 주위에서 반응이 보인다. 가족이 모여 식사를 하는데 고3인 조카가 이모 영상을 잘 보고 있다면서 웃어주는 것이다. 나는 얼마나 감사했는지 모른다. 솔직히 조카가 공부하다가 번아웃이 되어 아무것도 하지 않고 몸을 추스르고 있다는 소식을 들었다. 얼마나 힘들었을까 긴장되는 시간을 묵묵히 견디며 공부하는 조카를 위해 기도하고, 내가 고3 때 은혜받았던 곡 '누군가 널 위해 기도하네'를 훌라댄스를 만들어 유튜브에 올렸다. 생각하지도 않았는데 그 영상을 보고 또 보고 점점 좋아졌다는 이야기를 해주었다. '아! 바로 내가 유튜브에 올리면서 한사람이라도 영상을 보면 좋겠다.'라는 결심이 틀리지 않았다는 것을 확신하게 되었다. 물론 창작의 고통은 언제나 따르지만, 그것이 얼마나 감사한지 보이지 않는 위로가 된 순간이었다.

줌으로 춤을 가르치면 어떨까? 생각이 들었다. 영상을 보면서 따라하는 것은 유튜브로 할 수 있다고 하지만 춤을 추는 사람이 잘하고 있는지 또 춤을 어떻게 추어야 하는지 이 동작은 어떤 의미를 가졌는지 어떻게 표현하는 것이 좋은지 등등 하고 싶은 이야기가 있는데 할 수 없었다. 그래서 줌으로 하면 서로 소통을 할 수 있으니 시도해보기로 했다. 전국을 대상으로 한 커뮤니티에서 리더로 다행히 선발되었다. 온라인으로 시작하기 딱 좋은 환경이었다. 줌으로 수업하려면 보통은 배경 이미지를 설정해서 집안을 공개하지 않는데 춤을 추려면 흐릿해진 상황에 손이 잘리고 다리가 보이지 않았다. 어쩔 수 없이 다 공개를 해야 했다. 노트북 하나, 핸드폰 하나 준비해두고 부산, 청주, 인천, 서울 여러 곳에서 훌라댄스를 배우기 위해 들어오는 회원이 어찌나 반가운지 모른다. 영상으로 느끼지 못하던 것을 서로 질문을 하면서 차근차근 설명해 줄 수 있어 시간이 보람되게 느껴졌다. 멀리 있는 사람들이 훌라댄스를 출 수 있다는 것도 참 신기했다.

온라인을 통한 도구가 이렇게 고마울 때가 없다. 대면하지 못하는 상황에서 비대면이라도 춤을 출 수 있으니 말이다. 혼자서 방구석에서 춤을 추다가 이제는 온라인으로 만나서 춤을 춘다. 시대가 많이 변했다고 하지만 점점 익숙해지는 요즘을 보면 참 그것을 잘 활용하면 유용하겠다는 생각이 든다. 온라인으로 춤을 출 수 있다. 앞으로는 더 좋은 시스템이 만들어질 것 같다. 제3의 공간에서 만나 춤을 추지 않을까 그토록 가고 싶은 하와이 와이키키해변에서 춤을 추는 것은 아닌지 모르겠다. 점점 빠르게 변화하는 요즘, 더 편리해지고 유용한 도구들을 많이 활용하면 내가 가진 재능들을 서로 알려주고 배우게 될 기회가 많아질 것 같다. 시도해보면 알게 되는 것들이 참 많다. 방구석이지만 그곳이 하와이 천국이다.

맨발로 하는 댄스가 훌라댄스다

훌라춤은 폴리네시아 원주민들 사이에서 전해져온 민요나 춤곡으로 19세기에 시작된 춤이다. 훌라춤의 유래는 하와이섬에서 불의 여신인 '펠레'에게 제사를 지낼 때부터라고 한다. 멜레라는 노래에 기도, 신화나 신들의 이야기, 족장의 족보, 칭송들을 담고 있고 아름다운 자연과 사랑의 묘사가 그대로 전해 내려오고 있다. 문자가 없었을 때 몸짓으로 표현했는데 이것이 초기의 훌라 형태라고 한다. 하와이 원주민들은 소망을 그렇게 몸짓으로 나타냄으로써 장래에 그것이 실현된다고 믿었고 풍부한 결실을 기원하며 훌라춤을 추었다. 훌라댄스는 전통적인 춤으로 맨발로 춤을 춘다. 흙에서 나오는 땅의 기운이 함께 작용하기 때문에 신성한 의식으로 맨발로 춤을 춘다. 대지의 자연 그대로의 포근한 에너지가 발바닥이 땅에 닿을 때마다 신선함이 그대로 느껴진다.

한강에 산책하러 가면 가족 단위의 사람들이 신발을 신지 않고 진흙 속에 빠져 흙투성이 된 맨발을 하고 성큼성큼 걸어가는 모습을 종종 보았다. 점점 길을 따라가 보니 강과 흙이 만나는 지점에 흙 웅덩이가 길게 만들어져서 있었다. 질퍽질퍽한 길을 일부러 통과해서 걸어왔던 모양이다. 발에는 모든 말초신경이 모여있어 발바닥을 자극하면 혈액순환이 원활해지고 면역기능이 좋아져서 다양한 좋은 효과가 있다고 한다. 특히 맨발 걷기를 해서 암을 이겨낸 기적 같은 일들이 알려지면서 더 많은 사람이 맨발에 열광하는 모습이다. 맨발 걷기를 통해 발이 땅에 닿으면 혈액 속 세포끼리 밀어내는 힘이 생기면서 혈액이 묽어진다고 한다. 그래서 맨발로 걷게 되면 항산화 작용과 혈액 희석 효과를 볼 수 있다고 한다.

'발'은 제2의 심장이라고 하지 않는가. 수많은 혈관이 흐르고 있기 때문이다. 그러나 발은 심장에서 제일 멀리 떨어져 있으므로 혈액순환이 쉽지 않다. 그래서 쉽게 제일 먼저 발이 피로를 느끼게 된다. 맨발 걷기는 발의 지압 효과와 걷기 효과를 함께 얻을 수 있어 효과가 큰 것으로 생각된다.

따뜻한 봄날 목련꽃이 한참 피어 시들해질 무렵 연습해 두었던 훌라

작품을 야외에서 찍어보러 나왔다. 얼마나 설레는지 연습실에서 거울 앞에서 추는 춤을 벗어나 자연으로 나가는 것부터 마음이 설렜다. 소풍을 가듯 적당한 자리를 선택하고 춤을 추기 위해 적당한 자리를 골랐다. 발바닥으로 땅에 닿으며 오른쪽 왼쪽 번갈아 가며 짚어주는 그 순간에 내가 지금 서 있는 곳이 천국 같았다. 손을 들어 시선을 가로지르면 하늘과 나무 사이에 새잎이 돋아 연둣빛을 반짝이는데 눈이 부실 정도로 황홀했다. 춤과 자연이 만나 내 가슴의 뻥 뚫린 시원함이란! 바로 이 맛에 춤을 추는 것이구나 생각했다. 갑자기 바람이라도 불고 나무들이 흔들거릴 때면 내 마음도 산들산들 더욱 입가에 미소가 번진다. '하와이의 사람들이 예전 춤을 출 때도 대자연의 황홀함이 느껴졌겠지!' 하며 생각했다. 이 춤의 매력은 역시 자연과의 교감이 이루어질 때 더욱 빛을 발하는 춤이라는 것을 느꼈다.

멀리 바다를 바라보며 떠나간 사랑하는 님을 생각하며 외로운 섬에서 그리움을 달래며 노래하고 춤을 추는 장면을 이해하는 것은 그리 어려운 것이 아니다. 직접 해변에서 먼바다를 바라보며 춤을 추어보면 느껴진다. 해변의 모래가 푹신푹신하여 발가락 사이사이로 모래가 새어 들어오면서 귀로 들리는 파도 소리가 마음의 노크를 한다. 부드럽게 흔들리는 골반이 어느새 파도의 흐름처럼 자연스럽게 흔들거린다. 마음을 어루만지듯 손짓하는 손놀림은 어느 때보다 부드럽게 흔들거린다. 모래에서 느껴지는 따뜻함은 오랜 세월 부서져서 만들어진 작은 알갱

이들이 나를 떠받들어 주고 있는 느낌이다. 한발 한발 땅에 닿을 때마다 온갖 힘을 주어 지탱하려고 중심을 잡고 춤을 추려고 애쓴다. 눈은 흔들거리는 야자수가 어느새 내 시야를 덮었다. 가로세로 높은 하늘에 거미줄처럼 마주쳐 초록빛의 수를 놓는 듯 아름다웠다. 그곳에서 춤을 추는 하늘은 또 하나의 훌라 천국을 만들어준다.

나뭇잎이 떨어지는 계절, 바스락바스락하는 소리가 요란하게 이제 추어질 거야 하며 계절의 변화를 알려주는 전령사처럼 온통 세상을 붉게 물들어 놓는다. 발을 땅에 닿아 바스락거리는 낙엽을 밀어내면 푹신푹신한 땅의 기운이 느껴진다. 약간의 수분이 있는 촉촉한 땅에 발이 닿을 때 온몸의 중심을 잡으려면 땅에 나의 온몸을 맡겨야 한다. 일직 선상에 내 몸의 무게를 발에 옮기면서 나는 자연히 땅에 나의 몸을 맡겨야 한다. 그럼 일치된 나의 발은 어느새 멀리 비추이는 주황빛, 노란빛, 오렌지빛, 붉은빛의 영롱한 빛의 조화처럼 내 눈앞에서 반짝 거린다. 마지막 인사를 하듯 나와 함께 춤을 추어준다. 그것이 내가 땅을 발에 닿을 때마다 더욱 선명한 빛을 발해주는 것처럼 부드러운 손짓으로 고마움과 경외함에 나의 몸짓은 깊어갔다. 마음의 확장은 자연과의 교감에서 나오는 것이며 그것에 더해 땅을 맨발로 밟으며 땅과 하늘을 이어주는 것이 내가 됨을 느끼게 된다. 땅의 생동감과 살아있음을 하늘이 그대로 품어주는 느낌이 든다. 내가 바라보는 시선에서 그대로 느껴지는 감동이 저절로 교차해지는 마음이 그것을 말해주는 것 같다.

산꼭대기 정상에서 추는 춤은 어찌나 짜릿한지 모른다. 애초부터 정상에서 춤을 추리라는 마음을 먹고 중국 노산에 갔다. 광대하고 웅장한 산새는 한국산과 조금 달랐다. 아주 큰 바위들이 많아 큰 산을 이루었기 때문에 울창한 나무숲은 보기 힘들었지만 자연 그대로의 굴곡 있는 산의 크기에 압도당할 지경이다. 한참을 걸어 올라가는 발걸음이 가벼운 것은 목표가 있었기 때문이다. 정상에서 훌라댄스를 추겠다는 의지가 나에게 새로운 힘을 주었을 것이다. 어느 산이든 산정상에 사람들이 제일 많은 것 같다. 이곳저곳에서 인증사진을 찍으려는 산인들 틈에 나는 춤을 추었다. 흙과 바위 그 틈으로 거친 황토가 온몸을 받쳐주고 있었다. 멀리 보이는 산등성이 마치 파도처럼 시원한 바람을 선물해 주었다.

산에서, 강에서, 바다에서, 꽃이 피는 동산에서 그 아름다운 모습을 보기라도 하면 이곳에서 춤을 추고 싶다는 생각이 든다. 물론 춤을 춘다. 가능하면 맨발로 춤을 추려고 한다. 봄이어서 따뜻하고 여름이어서 뜨겁고 가을이어서 폭신하고 겨울이어서 차가운 자연을 그대로 느껴지는 신선함이란 훌라춤을 추는 사람만이 느끼는 특권이다. 춤을 추고 싶어라 하는 마음을 자연은 너무도 당연히 추게 만들어준다. 훌라댄스는 자연 그대로의 아름다운 가사가 담겨있기 때문에 내가 만들어내는 손짓은 자연과 만남으로 더 풍성해지는 것이다. 내가 신고 있는 신발을 벗어버린다는 것은 다른 차원으로 내가 나갈 수 있는 준비를 한다고 생각한다. 익숙하고 나를 보호해줄 것 같은 보호장비를 벗고 자연으로 돌아간다는 것이다. 내가 사는 곳은 조금은 복잡하다. 눈을 들어 서로 경쟁해야 하고 서로의 좋은 모습을 바라보기보단 흠을 들추어내려고 하고 돈이라는 민감한 수단에 저울질하며 눈, 귀, 모든 생각을 지배당한다. 내가 하고 싶은 것이 무엇이고 깊은 숨을 쉴 틈도 없다. 그렇게 숨이 가쁘게 살아갈 때 신발을 벗어보는 것이다. 원래 내가 살아야 하는 곳, 그 자연으로 아무것도 걸쳐지지 않은 맨발로 밟아보는 것이다. 발을 디딜 때마다 내가 복잡하게 생각했던 그림자들이 하나하나 벗겨지면서 어린 아이 같은 웃음이 되살아난다. 아무것도 없어도 살아갈 수 있는 용기와 희망을 느끼게 해준다. 자연이 주는 포근함에 그대로 숨을 쉰다. 숨을 제대로 쉬면서 땅과 하늘이 연결된다. 한발 한발 꾹꾹 밟아줄 때마다 땅이 주는 위안이 그대로 내 몸 안으로 스며들어 간다. 처음 시작은 신을 벗는 것이다. 맨발로 훌라댄스를 추면서 자연과의 신선한 아름다운 선물을 느끼고 싶지 않은가. 한번 해보면 알게 될 것이다.

훌라댄스의 기본스텝

발레를 처음 시작하려면 기본동작을 배운다. 기본 발동작, 손동작, 점프 동작 등 기본스텝을 익힌다. 기본적으로 프랑스어로 이루어진 발레용어는 어색하기도 하면서 재미있다. 그랑 플리에(Grand plie), 발롱 (Ballon) 등 다양한 발레용어의 뜻을 알면 더 잘 표현할수 있다. 발레에서는 몸짓을 통해 말을 한다. 고전 발레에서 전개되고 있는 이야기는 발레리나의 무언 몸짓 언어인 '마임'을 통해서 그 의미를 전달한다. 사랑해요. 결혼해요. 등 기본 마임을 알면 발레공연을 관람할 때 더 흥미 있게 볼 수 있다. 춤의 세계는 공통된 점이 있다. 기본동작을 익혀야 제대로 춤을 출 수 있다. 하와이 춤인 훌라댄스도 기본스텝이 있다. 기본동작이 되는 훌라댄스 동작들의 용어와 뜻에 대해 자세히 알아보겠다.

훌라(hula)는 하와이어로 '춤추다'라는 말이다. 훌라댄스는 노랫말의 내용을 몸짓으로 표현하는 춤으로 하와이 사람의 삶을 그대로 표현하고 전통을 보존하는 하와이 사람의 예술형태이다. 문자가 없었던 고대 하와이인들이 역사, 문화, 신화, 전통, 선조들의 삶 등을 보존하고 계승하기 위해 스토리텔링 방식으로 올리(Oli)라고 하는 하와이안 챈트(Chant)와 이야기의 의미들을 노래와 리듬에 맞추어 수화 같은 손동작과 몸짓으로 표현했다고 한다.

아이하아('Ai Ha'a)

아름다운 훌라 동작으로 기본자세는 아이하아('Ai Ha'a)라는 동작이 있다.

양말을 다리 하나 들어갈 정도의 공간을 만들고 엄지발가락이 앞을 가리키게 편 후 척추는 곧게 세우고 무릎을 살짝 구부린다. 몸의 중심을 머리부터 발끝까지 일직선이 되도록 안정된 자세를 만들어 준다. 손의 위치는 손가락을 모아주고 골반 위치에 놓는다. 보통 일자 다리를 만들 때 대부분 팔자 다리를 한다. 그래서 무릎을 굽히고 자세를 만들게 되면 다리 사이가 벌어지는 경우가 있다. 엄지발가락이 앞을 가리키며 서 있는 것은 그래서 중요하다. 가장 잘 하는 습관을 고치려면 의식적으로 자신이 바꾸겠다는 생각을 해야 한다. 익숙하게 서 있는 것도 의식하면서 허리를 펴고서야 한다.

내가 가장 고치기 힘들었던 것도 구부정한 자세였다. 앉아서 컴퓨터를 보고 있는 자세를 오래 하고 있었더니 저절로 구부정한 자세가 나도 모르게 습관이 되어 있었다. 그리고 배를 내밀고 서 있는 자세가 나도 모르게 만들어졌다. 훌라댄스를 하면서 상체를 곧곧이 펴고 서 있는 것을 의식적으로 생각하며 서 있다. 아랫배에 힘을 주고 서 있을 때와 풀어졌을 때의 자세는 완전 다르다. 그래서 훌라댄스를 오래 하면 척추가 반듯하게 세워지면서 자세가 이뻐지는 효과를 볼 수 있다.

훌라댄스의 가장 기본적으로 많이 사용하는 발 스텝 동작은 몇 가지가 있다. 가르치는 곳마다 지도하는 방법이 조금은 다르다. 내가 배운 데로 정리를 해보겠다.

카오(ka'o) 스텝

카오(ka'o) 스텝은 아이하아 기본자세를 만들고 상체는 움직이지 않고 무게중심을 좌우로 이동하여 골반을 움직여 준다. 사람들은 훌라댄스를 한다면 엉덩이를 흔들면서 춤을 추는 것으로 생각한다. 골반을 흔들면서 춤을 추고 있으므로 그렇게 생각한다. 그래서 엉덩이를 치켜들며 흔들 때가 있다. 두 무릎을 굽힌 상태에서 왼쪽으로 골반을 밀어 준비를 하고 오른쪽으로 이동하려 할 때 두 무릎을 이동시킨다. 그러면 상체의 엉덩이를 실룩샐룩하는 느낌이 아니라 부드럽게 밀어내는 느낌이 생길 것이다. 훌라댄스를 할 때 입는 파우스커트가 좌우로 살랑살랑 움직일 때 좌우대칭이 정확하게 움직이는 것을 볼 수 있다.

카홀로(kaholo) 스텝

카홀로(kaholo) 스텝은 훌라에서 가장 많이 쓰는 스텝이다. 투스텝 동작으로 오른쪽으로 이동하며 두 걸음으로 가고 반대로 반복한다. 오른발을 내밀고 바로 왼쪽에서 준비하고 있던 골반을 서서히 움직여 준다. 한 박자를 하고 왼발이 오른발에 도착할 때쯤에 오른쪽에 있던 골반을 서서히 왼쪽으로 밀어낸다. 그렇게 한 박자를 더해서 두 박자가 되는 것이다.

좌우 골반이 정확하게 움직이고 다시 반대로 두 박자를 해주면 카홀로 스텝이 완성된다. 보통은 한쪽으로 두 박자를 가야 한다는 생각에 전진만 하고 골반이 반대로 도착을 하지 않는다. 그래서 대칭이 이루어지지 않는다. 때론 발과 골반이 함께 움직이기도 해서 어떻게 보면 절뚝거리는 느낌이 들 때도 있다. 정확한 동작을 하기 위해서 반복 연습이 무엇보다 필요한 동작이기도 하다.

헬라(hela) 스텝

헬라(hela) 스텝은 아이하아 기본자세에서 왼발에 체중을 실으면서 오른발을 1시 방향으로 뻗었다가 다시 제자리로 돌아온다. 제자리에서 왼발을 11시 방향으로 뻗었다가 제자리로 이동한다. 이때 주의할 점은 몸의 자세가 업다운이 되지 않도록 같은 높이를 유지한다. 홀라 스텝 중에 매력적인 동작이다. 다리를 시원하게 쭉 뻗어 골반 위치를 달리하면서 포인트를 잡아주는 동작을 할 때면 멋지기까지 한다. 그래서 구령을 부르며 헬라 동작을 할 때 아랫배에서 나오는 소리가 난다.

"내밀었던 발의 발바닥을 다 부쳐야 하나요?"라고 질문 한다. "천천히 하는 동작을 할 때는 여유가 있어서 발을 다 붙이는 것을 추천하고, 빠른 동작을 할 때는 뒷굽치를 살짝 들어도 괜찮아요"라고 대답한다. 그리고 "발바닥을 다 부쳐서 춤을 출 여력이 없을 거예요. 다만 뒤꿈치만 부쳐서 율동을 하듯 하시면 곤란해요"라는 말을 해준다.

아미('Ami) 스텝

아미('Ami) 스텝은 무릎을 굽힌 상태에서 골반을 왼쪽 뒤쪽에서 훌라 후프를 하듯 원을 작게 그리며 돌린다. 골반을 돌릴 때 사각형의 네모에 모든 각이 다 부딪힐 수 있도록 생각하며 돌리면 충분히 돌리게 된다. 빠르게 원을 여러 번 돌릴 때는 평소에 하는 원의 치수를 조금 작게 돌리면 여유가 있게 돌릴 수 있다. 원을 돌릴 때 방향은 뒤에서 먼저 돌리고 앞으로 가는 쪽으로 한다. 오른손을 들어 아미아카우 동작을 할 때는 왼쪽 골반에서 뒤로 출발해 앞으로 돌리고, 왼손을 들어 아미 헤마 동작을 할 때는 오른쪽 골반에서 뒤로 출발해 앞으로 돌리면 된다. 시작하는 방향은 가르치는 곳에 따라 다를 수 있다.

우웨헤 ('Uwehe) 스텝

우웨헤 ('Uwehe) 스텝은 발 한쪽을 들어 올린 다음에 몸무게를 반대쪽 골반으로 옮긴후 양쪽 발뒤꿈치를 든 다음에 무릎을 앞으로 밀어낸다. 반대쪽 무릎에도 이와 같은 동작을 반복한다. 발뒤꿈치를 들면서 까꿍 하고 소리를 내면서 동작을 연습하게 되면 더 재미가 있다. 사람들이 재미있어하는 동작이기도 하다. 무릎이 벌려지는 동작으로 오인해서 무릎을 쫙 벌릴 수도 있다. 반드시 발뒤꿈치를 들면서 앞으로 내밀어야 한다.

그밖의 다양한 스텝들이 있다. 작품을 배우면서 스텝을 배우고 손동작을 익힌다.

홀라댄스 기본스텝은 너무 중요하다. 그래서 수업시간에 처음부터 반복하고 알려준다. 좀 더 자연스럽게 스텝이 진행되어야 손동작을 더 풍성하게 도와준다. 의식하지 않고 동작을 자연스럽게 할 수 있는 것은 반복된 연습에서 나온다. 그리고 정확한 동작을 알고 할 수 있도록 연구해야 한다. 그래야 정확한 동작을 쉽게 표현하고 반복 연습하는데 지루함을 덜할 수 있을 것이다. 누구든 자신의 몸을 만들 때 정확한 동작을 반복해서 할 수밖에 없다. 그럴 때 누군가는 그것이 스트레스가 되지 않으면서 재미있게 익혀갈 수 있는 비결을 만들어가는 것이 어쩜 강사가 해야 할 몫이 아닌가 싶다. 한동작 한동작 익숙해지도록 연습하며 만들어가는 재미가 들것이다. 내가 할 수 있으면 다른 사람들은 자연스럽게 따라 할 수 있다. 가르치는 사람의 동작을 그대로 따라 하는 것이 어쩌면 당연한 것이 되겠다. 그래서 더 연구하고 가르쳐야 한다. 기본부터 차근차근 정확하게 하자. 홀라댄스의 동작은 기본스텝부터 시작이다.

훌라댄스의 손동작

호기심에 수어를 배워본 적이 있다. 수어는 청각장애인들이 손의 움직임, 표정, 몸짓으로 의사를 표현하는 시각언어이다. 기억, 니은, 디귿 모든 손으로 표현할 수 있고 사랑해요, 감사해요, 기뻐요. 등 다양한 표현으로 노래에 맞추어 손짓했다. 신기하기도 하고 어렵기도 하고 누군가와 대화할 수 있는 수단으로 사용되는 수어가 있어서 다행이라는 생각을 했다. 훌라댄스도 예전엔 하와이 사람의 언어수단이었다고 한다. 글자가 없었던 고대 하와이에서 훌라댄스는 하와이의 역사, 계보, 신화와 문화를 이어온 중요한 수단이었다. 머리끝에서 발끝까지 훌라춤으로 이야기한다. 훌라댄스의 노래와 챈트의 손동작, 스텝, 골반을 흔들면서 동작마다 이야기가 담겨있다. 하와이 사람들은 훌라를 통해 대지 그리고 신과 교감한다. 손과 팔을 유연하게 움직인다. 마치 파도가 넘실거리듯 손을 흔든다.

처음 동영상 보고 훌라댄스를 알게 되었다. 하나님을 찬양하는 노래에 맞추어 춤을 추었다. 동작하나 하나의 의미가 담겨있으면서 온화하고 평화로운 모습이 보기 좋았다. 양손을 위로 올려 손가락을 움직이면서 아래로 내려오는 표현에 하나님의 영광이 이곳에 가득하고 따스함을 느낄 수 있는 풍요로운 표현이었다. 무릎을 굽힌 채로 겸손하게 낮아지면서 흔드는 움직임은 훌라댄스라고 생각하기보단 자연스러운 동작의 연결이란 생각도 하게 되었다. 이제 배우면서 그 의미를 알게 되었다. 훌라댄스는 말하듯 이야기하듯 동작에 그 의미가 포함되어 있다. 이미 정해진 손동작을 어떻게 자연스럽게 연결하는지 그리고 말하듯 손동작이 단순하고 깨끗한 전달이 되어야 한다. 지금부터 다양한 훌라댄스 손동작의 표현방법을 알아보도록 하겠다.

훌라댄스의 기본적인 손동작은 다음과 같다. 우선 어깨의 힘을 빼고 손바닥이 아래로 향하게 하고 양손을 가슴에 모아 바닥과 평행하게 만들어준다. 이때 손끝 사이를 주먹 하나 들어갈 정도로 벌려준다. 발꿈치가 올라가거나 내려가지 않도록 한다.

손을 움직일 때는 손목을 위아래로 움직여서 손끝까지 웨이브 하는 동작을 한다. 보통 손을 흔드는 동작을 짱구가 훌라라면서 이리 꼬고 저리 꼬는 동작을 연상하는데, 손 웨이브가 파도가 넘실거리듯 위아래로 흔들면 된다. 누군가를 쓰다듬어 주는 듯 눌러주면서 위아래로 손목을 이용해 흔들어주는 것이다.

홀라댄스는 다양한 손동작으로 표현을 한다. 하나하나 손을 직접 표현하다 보면 입가에 미소가 생길 것이다. 어쩜 이런 동작을 생각해 냈을까? 마치 동작을 하면서 예전 하와이 사람들이 서로 이야기를 나눌 때의 그 모습이 연상되는 듯하다. 홀라댄스를 추다 보면 이 동작들이 자주 나오게 된다. 몇 번을 반복하다 보면 자연스럽게 그 의미를 알고 잘 표현하게 된다.

꽃

같은 높이를 유지하며 손바닥을 뒤집어 손끝이 위로 곧게 모아 꽃송이처럼 만든다. 꽃을 좋아하기에 이 동작이 마음에 들었다. 손가락 전체를 세워서 모아보면 성화봉송 불꽃 같기도 하고 아직 피어나지 않은 꽃봉오리가 아름드리 모여있는 모습이다. 어떤 꽃이 피어 있을지 모르겠지만 너무 아름다운 표현이다. 조금 심화 과정에 들어가니 꽃봉오리 모양에서 손가락을 살짝 벌리면서 꽃이 피어 있는 모습처럼 만들어 준다. 어찌나 그 표현이 사랑스러운지 내 손 안에 꽃이 피어나는 장면을 연상하게 한다.

나무

왼손바닥을 아래로 향해 가슴 앞에 놓고 왼손 손등 위에 올린 후 손을 좌우로 부드럽게 흔든다. 해변에 가면 야자수 나무가 많다. 우리나라 나무는 가지가 사방으로 뻗어 풍성한 한 그루의 나무 모양인데 야자수는 가늘고 기다란 기둥 같은 줄기가 하늘을 뚫고 지나갈 정도로 위로 쭉 뻗어있다. 아주 큰 나뭇잎 줄기가 사방으로 뻗어있어 마치 우산을 펼친 듯하다. 그 나무가 바람에 살랑살랑 흔드는 모습을 표현한 것이다. 한 손은 받치고 한 손은 세워서 손바닥을 손목 부분을 좌우로 흔드는 것이다.

태양

양손을 배 안에서 손등이 위로 가게 모아서 둥근 원을 그리듯 위로 올라가 두 손이 만나게 된다. 이때 손바닥이 앞으로 향한다. 손동작하는 사람이 내가 무엇을 표현하는지 손 모양이 보여야 한다. 그래서 원을 그릴 때도 내 눈 시야에 들어오는 안의 범위에서 그림을 그리듯 만들면 된다.

사랑

양팔을 가슴에 교차시키면서 모아준다. 사랑이라는 말은 나를 포함해서 모든 사람을 가슴에 품어야 한다. 어떨 때는 왼쪽 심장 있는 위치에 두 손을 모을 때도 있다. 하나밖에 없는 심장의 뜨거움처럼 당신을 사랑한다는 애절한 표현이 숨겨져 있다. 그러기도 하겠다. 사랑이라는 표현은 그 대상자에 따라 달리 표현되니 점점 어떻게 표현할까? 연구를 많이 할 것이다. 가슴에 손을 교차하지 않고 그냥 양 손바닥이 일직선으로 가슴에 오게 하면서 모았다가 입가에서 펼칠 때도 있다. 사랑은 말하는 것이기도 하다. 입술로 고백해야 사랑을 확인할 수 있으니까 동시에 한 동작으로 연결되는 그것을 많은 사람이 본다.

물고기

양 손바닥을 손등이 위로 가게 하고 엄지손가락을 뻗어 포개어 준다. 엄지손가락을 까닥까닥하며 움직이면 진짜 물고기가 헤엄치며 다니는 느낌이 든다. 이 동작은 처음 따라 할 때 어찌나 신기한지 그런데 하와이 물고기 이름이 길어서 한참 따라 한 기억도 있다.

후무후무누쿠누쿠아푸아아 (Humuhumunukunukuapua'a)라고 한다. 훌라댄스가 하와이 춤이기에 낯선 문화를 접할 때면 신선하고 신기하다.

　이밖에도 정말 무수히 많은 동작으로 연결되어 훌라댄스가 만들어진다. 정교한 훌라댄스의 표현들로 아름다운 멜레, 하와이음악에 담겨있는 가사들을 표현하면서 내가 노래하는 가수처럼 손으로 그 노랫말을 표현한다. 하와이어를 잘 몰라도 느낌으로 전해지는 표현들은 공통으로 이해가 되는 것 같다. 그것이 예술이 가지는 아름다움이 아닐까 반복하고 반복해도 지루하지 않다. 색다른 음악 장르는 누가 불렀는지 어떤 악기를 사용했는지에 따라 그 느낌이 달라지기 때문에 같은 동작을 해도 춤을 해석하는 사람들의 마음은 다 다를 수 있다. 다양한 발 스텝들이 더 손동작을 풍요롭게 만들어 주고 아름다운 의상들은 한껏 훌라댄스를 매력적으로 만들어 준다. 알고 나면 보이게 된다. 몸으로 손으로 어떤 표현을 하고 있는지 말이다. 손동작으로 표현하는 여유로움을 느껴보기 바란다.

호오포노포노, 하와이인의 지혜

어느 날 워크숍에 가서 만화 '캔디' 주제곡을 불렀다. 문득 떠올라서 불렀다. 다 큰 50대의 성숙한 여인이 감정에 호소하며 불렀던 그때가 무척 인상적이었나보다. 그때부터 나를 '캔디'라고 불렀다. 수많은 노래 중에 유독 그때 그 노래를 부르고 싶은 것은 정말 꽃을 좋아하는 캔디처럼 씩씩하게 살고 싶은 어렴풋이 마음의 바람이 노래에 흘러 들어간 것 같다. 그래서 지금은 훌라하는 캔디, 두 번째 인생을 살고 싶어 소녀라는 이름을 걸어주었다. '캔디훌라걸' 나의 예명이다. 더욱더 나를 캔디처럼 살게 해주는 훌라댄스, 그 속에 알로하 정신이 깃들어 있다. 불리우는 이름은 그렇게 살게 되는 무언가 알 수 없는 힘이 있다. 하와이인들의 오랜 전통적인 문제 해결법 '호오포노포노'가 있다. '미안해요.' '사랑해요.' '용서해주세요.' '고맙습니다.'라는 호오포노포노의 네문장이다. 멋진 단어의 의미를 하나하나 알아가면서 새로운 에너지가 흐르는 것을 느낄 수 있게 된다.

'평화는 나로부터 시작된다' 현대 호오포노포노의 창시자이자 마스터인 카후나 라파아우 모르나 날라마쿠 시메오나의 책상 위에 쓰인 글귀라고 한다. 평화와 자유가 나로부터 출발한다는 것이다. 얼마나 멋진 일인가 내 몸이 따라다니는 시키는 일만 하는 하인이 아니라 내 인생의 파트너가 되어, 그대로의 나를 사랑하고 고마워한다는 말이다. '모든 책임은 전적으로 나에게 있다'라는 내 인생에서 일어나는 모든 일은 그것이 무엇이든 내 책임이라는 것이다.

고대 하와이인들의 용서와 화해를 위한 문제 해결법 호오포노포노는 '바로잡는다' 혹은 '오류를 정정하다'를 뜻한다. 호오(Ho'o)는 하와이 말로 '원인, 목표'을 포노포노(Ponopono)는 '완벽함'을 의미한다. 누군가를 탓하고 원망하는 고통스러운 생각들을 정화하면서 내려놓는 것이다. 자연스럽게 치유와 포용, 평화와 사랑이 다가온다고 한다.

원하는 대로 되기 위해서 잠재의식의 기억을 풀고 기억을 지우는 '정화'가 필요하다고 한다.

정화를 위한 도구로 억지로 슬픔을 극복하거나 다른 것을 생각하려 하지 않고 입 밖으로 말하거나 마음속으로 외친다.

"당신을 사랑합니다."

"미안합니다."

"나를 용서해주세요"

"감사합니다."

과거의 고통스러운 기억들로 오염될 때 오류가 발생한다. 불균형, 오류의 에너지를 내보내는 것이다.

호오포노포노는 내면 정화 프로그램이다. 문제 해결의 과정이다. 그리고 그 모든 과정은 자신이 내면, 마음속에서 이루어진다는 것이다. 인생을 사는 데는 두 가지 길이 있다고 한다. 기억으로 사느냐 아님 영감으로 사느냐. 기억은 쉼 없이 재생되는 오래된 프로그램이고 영감은 신이 주는 메시지이다. 영감을 얻는 유일한 길은 모든 기억을 청소하는 것이라 한다. 나는 '정화'라는 단어에 집중한다. 어떻게 정화하면 되는지 궁금해진다. 그냥 '사랑해요', '미안해요', '용서해요', '고마워요.'라는 말을 계속 반복하면 된다고 한다. 그래서 유튜브에서 호오포노포노 라는 단어로 검색하니 명상자료가 참 많았다. 그리고 반복해서 말하는 음성을 그냥 듣고 있었다. 네 단어 중 유독 마음에 걸리는 단어가 있어서 반복하는 동안 떠오르는 잔상을 떠나 보냈다. 하나씩 지우듯 마음이 풀어지면서 음악에 담긴 소리에 귀 기울여 본다. 청소하듯 기억을 지우는 작업이다. 내가 선택한 마음의 소리는 떠나 보내지 않으면 내 생각에 여러 가지 갈래로 파생되어 나의 기억 속에 여전히 남아 나를 괴롭힐 것이 분명했다. 그래서 원망이나 걱정이나 두려움 모두를 흘려보내고 나면 모든 것을 주관하시는 그분의 평화가 마음속 깊은 곳에서 울림이 온다. 감사, 그리고 평화 어떤 행동도 하지 않았다. 마음속의 기억들을 하나하나 지워나갔다.

하와이인들의 춤을 추다 보면 해맑은 미소가 언제나 돋보였다. 그것의 비밀을 아는 듯하다. 일상의 모든 문제 하나하나를 호오포노포노를 통해 바로 잡는 것이다. 원래의 제로상태로 본인의 기억을 정화시키면서 신성의 상태로 돌려놓는 것이다. 그러면 찾아오는 것은 평화뿐이다. 모든 시련이 어쩜 기회로 내게 다가온다는 사실을 알게 되고 모든 것을 사랑할 수밖에 없을 것이다. 내 삶의 주어진 모든 것을 내 믿음대로 전적으로 방향을 바꿀 수 있는 것은 자신의 책임에 있다. 자신을 정화하면 세상이 깨끗하게 보인다. 자신이 행복하면, 보이는 모든 것들이 행복해 보이는 것처럼 말이다. 이것을 매일 반복하는 습관이 있는 사람들의 여러 가지 증거가 있다. 부, 건강, 평화와 행복을 끌어당기는 신비한 열쇠가 호오포노포노라고 하는 이유일 것이다.

일상 생활에서 버리고 채우고를 잘 해야 한다고 하는데 기억 속에 있는 나의 알지 못했던 감정들마저 잘 버려야 하고 어려운 시련이 왔을 때 사랑의 눈으로 바라보다 보면 해결의 실마리가 보이면서 행동을 할 기회를 얻게 된다. 지혜는 박식한 어려운 말들을 많이 아는 것이 아니라 자신을 잘 다스리는 데 있다는 생각이 든다. 모든 문제는 생각에서 비롯해서 결정된다고 본다. 그것을 잘 이해하고 해결하는 능력이 지혜이다. 문제를 평화롭게 순리에 맞게 잘 처리하는 것은 정말 지혜롭지 못하면 해결할 수 없다. 그것이 삶의 지혜가 있어 선택하고 그렇게 행동을 하는 것이다. 행동하는 것은 자기 자신의 확신이 있을 때 반복된 행동을 꾸준히 할 수 있다.

하와이인들의 지혜 '호오포노포노'는 문제 해결법이다. 내 마음의 방에 '사랑합니다.' '감사합니다.' '미안합니다.' '용서하세요.' 이 따뜻한 말들을 반복하다 보면 무의식 속에서 기억이 서서히 제로 상태로 변한다. 나도 모르는 감정들이 정화되어 모든 것들이 사랑으로 변화한다. 마음의 모든 것들을 사랑, 감사로 변하는 순간 나는 훨훨 날아다니는 나비처럼 자유로워지는 것이다. 말할 수 없는 거대한 평화가 내 마음을 덮고 있기도 하다. 그것은 선물일 것이다. 신이 우리에게 주는 축복이다. 모든 말과 생각들이 변화하고 나면 행동도 또한 변화하게 된다. 매일 매일 정화하고 정화하고 또 정화하면 된다. 나를 괴롭히는 것이 외부에 있다고 생각하지만 내 마음으로 기억되는 모든 것들이 사랑으로 받아진다면 다른 시선으로 바라볼 수 있을 것이다. 언제까지 낡은 오래된 기억들로 나를 괴롭게 할 것인가. 새로운 깨끗한 공간을 선물하자. 그래서 더 행동하고 성장하자. 무엇이든 실행하는 변화 에너지를 만들어 줄 것이다.

기본을 반복하는 이유

아기 돼지 삼 형제 동화 이야기가 기억난다. 벽돌로 튼튼하게 지은 셋째 돼지의 집만 늑대의 입김에 멀쩡해서 모두 무사하게 살았던 이야기이다. 첫째 돼지는 지푸라기, 둘째 돼지는 나무로 대충 집을 짓고, 셋째 돼지는 벽돌로 튼튼하게 집을 지었다. 쉽고 빠르게 집을 지으려고 선택했던 형들보다 벽돌 하나하나 정성껏 성실하게 집을 지었던 셋째 돼지 집이 안전했다. 시간이 오래 걸렸지만 어떤 일을 시작할 때는 기본부터 철저히 준비해야 한다는 것을 알게 해주는 대목이다. 기본의 중요성은 아무리 강조해도 지나치지 않다. 그것을 알고 있지만 어떻게 기본을 쌓아야 하고 얼마만큼 해야 하는지 잘 모른다. 그래서 빨리 무언가 이루려고 한다.

완벽에 가까운 경기를 펼치는 피겨여왕 김연아, 예전 중요한 경기에서 시작하자마자 엉덩방아를 찧었다. 본격적인 게임을 시작하기도 전에 대량 실점했지만, 김연아답게 차분히 연기를 이어나갔고 사전에 없던 기술을 도전적으로 시도해 잃었던 점수를 모두 만회했다. 시시때때로 빙판에서 미끄러지고 넘어지는 수많은 훈련으로 다져진 기본기가 있었기에 가능하다는 평을 받았다. 운동선수에게 중요한 것이 기본이다. 위기에 대처할 수 있는 능력 또한 기본이 되어있을 때 가능해지는 것이다.

훌라댄스를 가르치면서 기본이 중요하다는 말을 수없이 한다. 예전 훌라댄스 자격증과정을 배울 때다. 여러 작품을 배우고 다양한 기본기를 다진다. 필기시험, 실기시험에 합격하기 위해 노력하며 훌라댄스라는 춤의 장르에 한발 한발 다가가며 즐겁게 새로운 도전을 했다. 취미로 배울 때는 선생님의 동작을 따라 하며 그 시간을 즐기면서 춤을 추지만 지도자가 된다는 것은 남을 가르쳐야 하므로 동작을 설명할 줄 알아야 한다. 그러기에 동작에 대해 자세히 이해하지 않으면 안 되기에 선생님의 설명을 하나하나 기억해 두어야 한다. 그리고 조마조마한 마음으로 과정을 다 마치고 합격의 통보를 기다리고 있는데 다시 시험을 봐야 한다는 통보를 받았다. 내 생각에는 아주 완벽하지는 않지만, 시험은 무난히 통과할 것 같았다. "무엇이 문제지?" 하며 그 이유를 들었는데 더 당황스러웠다. 기본이 안 되었다는 이야기이다. 얼마나 실망이 되는지 이루 말할 수 없었다. "이제까지 해왔던 것은 무엇인가. 몇 개월 동안 나는 무엇을 했는가. 기본이 안 되었다니." 지금은 그 말이 어떤 의미를 설명하는지 충분히 이해할 수 있지만, 그때는 모든 것을 다시 원점으로 돌아가는 느낌이 들었다. 기본도 안 돼 있는 사람이 누굴 가르치겠다고 자격증과정을 시작했는지 그냥 취미로 배울 걸 아니 자격증과정 더 도전하지 말고 그냥 여기서 멈추자! 만 가지 생각이 났다. 너무도 창피했다. 굳이 춤만 잘 추면 되지 무슨 자격증과정이야 하며 아주 소심해진 마음은 금방 회복하기 힘들었다. 하지만 이대로 멈출 수는 없었다. 끝까지 완수해야 무엇이든 할 수 있을 것 같았다. 그리고 처음부터 다시 한다는 마음으로 무엇이 잘못되었는지 동작 하나하나 교정하기 시작했다. 자격증과정은 완벽하진 않아도 가능성을 테스트하고 자격조건에 맞으면 통과되는 과정이다. 다행히 두 번째에 합격을 받았다.

그 이후 초보자라고 하더라도 기본을 중요하게 생각해서 알려준다. 그리고 반복을 한다. 그 이유는 여러 가지가 있다.

첫째, 춤을 추기 위한 몸을 만들기 위해서이다.

어떤 춤이든 기본자세와 그에 따른 기초 동작들이 있다. 그것이 몸에 배게 하려면 반복할 수밖에 없다. 평상시 팔자로 서 있는 것이 편하다면 엄지발가락이 앞으로 올 수 있도록 나란히 만들어 주어 계속 의식을 하면서 춤을 춘다. 무릎을 굽히고 춤을 출 때 허벅다리의 근육이 서서히 생기게 된다. 허리를 펴고 있어야 하므로 코어에 힘이 들어간다. 모든 자세 하나하나 몸이 기억할 수 있게 반복을 해 주면 좋다.

둘째, 자연스럽게 동작을 하기 위해서이다.

훌라댄스는 골반을 흔들면서 춤을 추기 그 때문에 상, 하체가 분리되어 움직인다. 골반과 스텝을 무의식적으로 움직여야 손동작에 더 정성을 기울일 수 있다. 스텝이 자연스럽게 나오지 않으면 발 따로 손 따로 생각하면서 하다가는 동작이 어려워진다. 물 흐르듯 막힘없이 춤을 추려면 기본 위에 자연스러운 표현이 가능하다. 몸에 훌라댄스의 리듬감을 만들어 주는 것도 기본이 되어있으면 무엇이든 할 수 있다.

셋째, 어떤 곡을 만나더라도 깊고 풍성한 표현을 할 수 있다.

사람들은 화려한 기교에 관심이 많다. 색다른 표현법을 만나면 알고 싶어서 배운다. 하지만 기본이 되어있지 않고 어설프게 따라 하기에 급급하다. 진짜 훌라댄스를 잘하기가 힘들어진다. 처음 시작은 비슷하게 시작하는 듯하지만 조금 시간이 지나면 현저한 차이를 느끼기 때문이다. 더는 나아지지 않는다. 기본이 되어있으면 어떤 곡의 동작을 만나더라도 쉽게 따라 한다. 그리고 깊고 풍성한 표현이 자연스러워진다.

넷째, 점점 성장하면서 자신감을 얻게 해준다.

잠깐의 몸무게 변화에도 기뻐하는 것처럼 지난번에 어설펐던 동작이 자연스럽게 표현이 될 때의 변화는 대단한 뿌듯함을 준다. 열심히 노력한 만큼 결과가 돌아오는 것이 춤의 세계이다. 남들은 잘 느끼지 못하지만, 나만의 표현방식을 익히고 어제와 오늘의 동작들이 점점 변화해가는 보람이야말로 반복하면서 느낄 수 있다. 그리고 긴장돼 무대에서 더 많이 느낄 수 있다. 실수도 많이 한다. 그럼 참 곤란한 상황이 있지만 그래도 그것 또한 성장의 과정이라고 생각한다. 기본을 반복하는 이유는 초심을 유지하기 위함이다. 아주 작은 것도 소중하게 생각하고 그것이 잘 만들어질 수 있도록 의식하는 것이 최선이기 때문이다. 그 작은 변화와 성장이 있기에 즐거움이 더해질 수 있다.

기본을 머리로는 이해하면 그만이지 반복해서 노력하는 것을 싫어한다. 왜 다 알고 있는 단순한 동작을 자꾸 연습하는지 이해를 못 한다. 그래서 중요하다는 것을 반복하게 된다. 수업시간에 기본동작의 시간 안배를 많이 하는 이유도 여기에 있다. 작품의 순서는 중요하게 여기면서 기본을 연습하는 것을 게을리하기 때문이다. 전통 할라우(홀라학교)에서는 몇 시간씩 기본연습을 한다고 한다. 그만큼 훌라댄스의 생명은 기본에 있기 때문이다. 스스로가 땀 흘린 만큼 몸은 기억한다. 내 몸에 만들어진 동작들을 연결하면서 자연스럽게 훌라댄스를 하는 그 황홀한 기분은 하늘을 날아갈 것 같다. 한 호흡 한 호흡에 깊은 내 마음의 표현을 동작으로 승화시켜 춤을 출 때를 생각하면 기본이 얼마나 중요한지 다시금 깨닫게 된다. 점점 단단해지는 다리근육, 아랫배가 든든하게 받쳐주고 있으니 흔들리지 않는 자세를 만들어준다. 점점 키워지는 기초 체력들이 동작을 단단하게 만들어준다. 자신도 모르는 사이에 서서히 변화하는 훌라댄스를 하기 위한 체적화 된 몸을 만들기 원한다면 기본 동작을 반복하면 된다. 기본 없이 시작할 수는 있지만 오래갈 수는 없다. 오래 하고 싶다면 기본부터 충실히 그리고 반복해서 연습해 보자.

초보자가 하기에 좋은 춤, 훌라댄스

사람들은 취미 하나씩은 가지고 있는 것 같다. 소소하게 일상에서 반복해서 할 수 있는 일이 있다는 것은 더욱 생활을 활력 있게 만들어 준다. 색다른 것에 몰입하다 보면 그것에서 얻어지는 즐거움과 보람이 생긴다. 특히 혼자서 하는 취미도 있지만 여러 사람과 함께 하는 취미는 서로에게 주고받는 정이 생기는 것 같다. 한 달에 한 번 등산동우회에 가서 산에 오를 때면 절대 혼자서는 오를 수 없는 곳도 함께여서 가능할 때가 여러 번 있었다. 지리산에 오를 때도 한라산에 오를 때도 오랜 시간 등반을 할 때면 특히 하산할 때 함께 해주지 않았다면 결코 완주할 수 없었을 것이다. 취미 생활을 처음 하는 초보일수록 함께 하는 것을 추천한다.

좋아하는 일을 하는 사람들을 만나게 되었다. 50플러스센터 강사로 도전할 때이다. 다채로운 콘텐츠를 가지고 있는 강사들을 교육하는 프로그램에 유연히 합류하게 되었다. 직장을 은퇴하고 또 다른 길을 가고 있는 사람들을 만났다. 책 읽기를 좋아해서 책을 읽는 방법을 알려주고 책을 쓰는 방법을 지도하는가 하면, 취미로 뜨개질을 하던 재능을 살려 다른 사람들에게 기초부터 알려준다. 중국에서 살다가 문화에 대한 깊은 관심을 가지고 쉽게 설명해주는가 하면, 병원근무를 오래 해서 노인들의 건강과 특히 치매에 대한 교육을 수준 높게 가르쳐준다. 또 탄소중립을 생활 속에서 실천하고 캠페인처럼 알고 있는가 하면, 컴퓨터, 디자인, 그림, 음악, 마케팅, 이미지 등 얼마나 다양한 부분이 있는지 모른다. 어떤 것을 가지고 다른 사람들에게 나눌까를 고민하다가 자신이 좋아하는 분야에서 그것을 쉽게 설명하며 공유하는 것이 강사들의 역할이다. 처음 시작에서 다양한 요령들을 배우고 익히면서 자신감을 얻게 되어 실제로 현장에서 활동하고 있다.

나 또한 훌라댄스라는 콘텐츠로 강사의 길을 가는데 처음 길은 힘들었다. 어디서부터 어떻게 해야 할지 막막했다. 취미를 콘텐츠로 가르치는 곳, 문화센터, 복지관 등을 생각하면서 강사의 소양을 키워가고 있다. 하지만 처음부터 수월한 것은 아니다. 대부분 경력 강사를 선호하기 때문에 춤에 관한 다양한 다른 사람을 가르쳤던 경력을 만드는 것이 중요한 사항이 되겠다.

내가 사는 지역에 우선 훌라댄스를 알리고 싶었다. 집 가까이서 가르칠만한 곳을 검색하고 홈페이지를 찾아보고, 직접 찾아가서 물어보기도 하고, 전화하고 다양한 방법으로 탐색하기 시작했다. 의외로 정말 다양한 곳에서 교육이 이루어졌다. 하지만 문턱이 높았다. 대부분 공공기관에서 운영하는 프로그램이 대부분이어서 정확한 신청 방법을 알 수가 없었다. 하지만 이대로 포기할 수는 없었다. 새로운 길은 우연히 만들어 지는 법, 참 신기했다.

책을 읽으려고 도서관에 갔는데 로비에 재능기부 선생님을 모집하는 광고를 보게 되었다. 어디서 나오는 자신감인지 나도 신청해보고 싶어 안내자에게 물어봤다. 담당자를 연결해주었고 서류를 작성하라고 한다. 내가 가르칠 수 있는 재능은 무엇이고 언제 할 수 있는지 자세하게 적게 되었다. 그리고 마치 할 것 같이, 만약 가르치게 되면 어디서 할 수 있는지 강의실도 구경시켜달라고 부탁까지 했다. 모든 것을 친절하게 설명해주고 나에게 안내를 해주셨다. 그리고 거울이 없는데 가능하냐는 질문에 바로 할 수 있다고 대답을 했다. 나는 강사가 되어야 했다. 이것저것 가리면서 무엇을 하겠는가 해볼 수 있는 것 경험할 수 있는 것은 무조건 해야 했다.

다행히 연락이 왔다. 모집을 해보겠다는 반가운 소식이었다. 10명의 회원이 다행히 모집되었고 첫 수업이 시작되었다. 한 번도 보지 못했던 우리 동네에 살고 있었던 분들이 모여 훌라댄스를 배우는 것이다. 연령대도 다양했다. 학원 강사로 오전에 시간이 비어 우연히 보게 된 훌라댄스 광고에 호기심이 생겨 신청했다는 분과 아이가 유치원에 간 사이에 운동하고 싶어 신청했다는 분 등 다양한 분들이 함께했다.

항상 거울 너머 회원들을 바라보던 것이 거울이 없으니 내가 회원들을 보면서 가르쳐야 했다. 엉성하게 골반을 흔들며 따라 하는 모습이 어찌나 귀여운지 혼자 웃을 때가 많다. 하지만 최선을 다해 해보려고 노력하는 모습에 반복해서 지도하려고 한다. 훌라댄스는 부드러운 춤이다. 무릎을 굽혀 춤을 추기 때문에 어르신들이 힘들지 않을까 생각이 들겠지만, 허벅다리와 코어를 강화해주는 춤이기에 점점 근력이 키워지는 강점이 있다. 그래서 관절이 안 좋아도 꾸준히 해야겠다는 회원도 있다. 무엇보다 하와이 음악이 주는 편안함과 어느 휴양지에 와서 춤을 추는 기분을 주는 것은 누구든 공통된 기분일 것이다. 따라 하기 어렵게 추는 것이 아니므로 대부분 잘 따라 한다. 새롭게 훌라춤을 배우는 사람들이 공통으로 하는 말은 운동이 꽤 된다는 것이다. 겉으로 보기에는 설렁설렁 추는 춤으로 보이는데 실제로 따라 하다 보니 송골송골 땀이 맺히고 호흡이 가빠 오르면서 힘이 든다. 남녀노소 누구나 할 수 있는 춤이라고 하는 것이 이 때문이다. 훌라댄스의 최대한 매력은 건강한 예쁜 몸매를 만들면서 내면까지 닦을 수 있다. 아주 넓지 않은 공간에서 힐링의 음악에 맞춰서 춤추면 운동할 수 있는 데다가 스트레스 호르몬이 줄어들고 기분이 안정되는 효과가 있다는 것이다.

홀라댄스는 느긋하고 쉬운 춤으로 보이지만 알고 보면 다이어트나 체형교정 등 더욱 몸을 건강하게 해준다. 그리고 홀라댄스를 하면 좋은 효과에 대해 생각해 보았다.

첫째, 홀라댄스 기본자세는 무릎을 굽히면서 상체를 세우니까 다리하고 허리 근육을 단련할 수 있다. 계속하면 옆구리 살이 빠지고 허리가 날씬해진다.

둘째, 홀라댄스는 효과적인 유산소운동이기 때문에 내장지방을 연소하면서 살이 안 찌는 체질이 된다.

셋째, 홀라댄스 손동작은 팔을 옆으로 벌리거나 높이 올리는 동작이 많아서 두 팔이 셰이프업이 되고 바스트업에도 효과적이다.

넷째, 홀라댄스를 추면 골반 내 혈류가 좋아지고 여성호르몬이 많이 분비된다. 피부도 좋아진다.

하와이 홀라댄스, 초보자가 하기에 딱 좋은 춤이다. 홀라댄스의 가장 중요한 장점은 힐링이다. 인생 살다 보면 슬픈 일이 생길 때나 스트레스 받거나 고민할 때도 있지만 그럴 때 홀라댄스는 명상이나 기도가 된다. 홀라댄스를 추면 마음이 진정되고 원래 리듬을 회복할 수가 있다. 그리고 자연스럽게 다시 웃을 수 있게 된다. 홀라댄스에서 얻은 가장 큰 것은 긍정적인 마음을 회복하는 것이다. 처음 훌라댄스를 추는 사람들이 이구동성으로 하는 훌라댄스의 매력이 여기에서 나온다고 할 수 있다. 신체적으로 건강을, 정신적으로 힐링을, 선물하는 훌라댄스 남녀노소 모두 함께 출수 있는 아름다운 춤 누구나 좋아하는 춤이다. 여러 가지 좋은 점을 다 가진 훌라댄스 도전해보자.

훌라댄스의 진짜 매력

당신의 퍼스널 컬러는 무엇인가요? 얼마 전 강사 워크숍에 참석하기 위해 강의장에 들어섰는데 책상에 거울 하나씩 놓여 있었다. 이미지 브랜딩 시간으로 나에게 어울리는 색상을 찾아 좋은 인상으로 강의 준비하기를 바라는 주최 측의 의도가 느껴졌다. 첫인상이 95%나 좌우된다니 나 자신의 이미지를 가꾸는 것은 중요한 것 같다. 그리고 그 첫인상을 바꾸려면 무려 48번의 만남으로 수정이 된다고 하니 첫인상이란 참 중요하구나 하는 생각을 하게 된다. 될 수 있는 대로 자신의 첫인상을 좋게 하려면 자신의 컬러를 알아야 한다고 한다. 내가 느끼는 훌라댄스의 첫인상은 어떠했을까 하는 궁금증이 생겼다.

처음 훌라댄스를 배울 때가 생각난다. 가까운 백화점문화센터 수업 신청을 하고 홈페이지에 나와 있는 간편한 복장이 무엇인지 궁금했다.

춤을 배우는 것이니 몸매가 들어나 보이는 것이 좋을 것 같고 땀을 많이 흘릴 것 같아 시원하게 푹 파진 요가복이 눈에 들어와 딱 달라붙는 레깅스를 입고 강의실에 들어갔다. 꽃무늬 프린트가 화사한 긴치마를 입고 긴 머리 선생님이 들어오셨다. 흘러나오는 음악은 하와이해변에 와 있는 느낌의 차분하면서 힐링이 되는 곡이었다. 왠지 모를 편안함과 선생님의 유쾌한 웃음소리와 미소가 강의실을 가득 차게 느껴졌다. 시간이 금방 훅 지나가면서 정말 재미있다는 생각이 여전히 내 머릿속에 남아 있어 선택을 잘했다는 확신이 들었다. 그렇게 쭉 훌라댄스와의 만남이 이루어졌다.

가장 아름다운 모습을 하고 수업에 가려고 노력한다. '파우' 훌라할 때 입는 스커트가 다양하게 있다. 한 학기 수업을 마치고 나면 새로운 파우를 샀다. 열심히 배운 나에게 보상이라도 하려는 듯 계절에 맞게 변화를 주고 싶었다. 노랑, 빨강, 파랑, 초록, 핑크, 검정 점점 늘어나는 파우의 개수만큼 훌라댄스를 좋아하는 마음이 점점 커갔다. 평생 해도 절대 질리지 않을 것 같은 춤이다. 나는 훌라댄스의 어떤 매력에 빠졌을까?

가장 아름다움은 '부드러움'에서 나온다고 생각한다. 이솝이야기도 있지 않은가 지나가던 나그네의 겉옷을 누가 벗길 수 있는지 해와 바람이 내기를 하는 장면이 떠오른다. 자신감에 넘친 바람이 먼저 힘차게 바람을 일으켜서 옷을 벗기려 했지만 지나가는 나그네는 필사적으로 옷을 붙잡고 있었다. 화가 난 바람은 더욱더 세게 불었지만 그럴수록 더 꽉 옷을 붙잡고 있는 나그네를 이길 수가 없었다. 그다음 해의 차례가 되었다. 해는 천천히 따뜻한 온기를 나그네에게 주었다. 웅크렸던 몸은 펴지고 점점 더워지는 온기를 견디다 못해 겉옷을 자연스럽게 벗으며 길을 가게 된다. 부드러움이 강력한 위력을 발휘할 수 있는 것을 느끼는 대목이다.

훌라댄스도 마찬가지로 강하게 뻗어지는 춤이 아니라 부드러운 손놀림과 부드러운 골반의 움직임은 마음의 감성을 부드럽게 어루만지는 느낌이 든다. 부드러운 움직임 속에서 말하듯 이야기를 풀어가는 손동작은 마치 시인이 된 느낌이다. 아름다운 가사 말을 하나씩 풀어가면서 숨죽이듯 표현을 한다. 춤을 추고 있는 내내 대자연의 숲속에 있는 느낌이 든다. 아름다운 바다의 풍경이 느껴지기도 하고 춤 속에 빠져들어 간다. 머릿속에 가득했던 복잡한 생각들이 하나하나 실타래가 풀리듯 풀어지는 느낌이 든다. 잠시나마 몸을 움직이고 있으므로 건강해지는 느낌이 든다. 그 부드러움 속에서 느껴지는 강함은 결국 마음을 부드럽게 해주면서 환한 미소로 변화하게 만든다.

'땀의 의미'를 알아갈 때 행복하다. 무엇이든 한꺼번에 되는 법은 없는 것 같다. 훌라댄스를 할 때 고만고만한 실력을 갖춘 배우는 연습생이 새로운 신입생이 들어오면 자기가 최고로 잘하는 사람인 척 목에 힘을 주고 춤을 추는 경우가 있다. 내가 그랬으니까 뒤돌아보면 아무 실력도 아닌데 먼저 배웠다고 힘이 들어간다. 그것도 인정이 된다. 땀과 노력이 기울인 시간이 있으므로 자신감이 생기는 것이다. 하나씩 이루어가는 단계들이 나를 더 겸손하게 만들기도 하지만 노력하는 내가 자랑스러울 때가 있다. 훌라댄스는 끝이 없는 춤이다. 동작을 암기했다고 해서 모든 것이 끝나는 것이 아니라 같은 동작을 해도 매번 다르다. 완숙한 동작이 나올 때까지 거듭 연습해도 또 다르다. 무언가 의미와 깨달음이 더해지면서 정성 들여 표현하는 감정이 달라지기 때문인 것 같다. 책을 읽을 때도 매번 달라지는 밑줄이 생기지 않는가 질리지 않는 질주에 땀과 노력의 결과는 반드시 나에게 보답을 해준다. 점점 쌓여가는 실력이 보이는 듯해서 매력적일 수밖에 없다.

훌라댄스는 나에게 '소중한 친구'다. 혼자 사는 집에 꼬리 치며 반겨주는 반려견이 있어 그 맛에 키운다는 이야기를 한다. 혼자 가야 하는 인생길에 함께 가주는 것이 훌라댄스이다. 막막하고 슬퍼서 어찌하면 좋을지 모를 때 춤을 추었다. 기뻐서 환호성을 지르며 날아가는 기분이 들 때도 춤을 추었다. 언제나 춤을 추면 기쁨도 슬픔도 모든 것이 원점으로 간다. 그렇게 기뻐할 것도 슬퍼할 것도 없다는 사실을 알려주는 듯 그 음악에 그 동작에 충실해진다. 내가 나로 온전히 살아가는 이유를 알게 해주는 것이다. 주변의 사람들에게 감정 소모를 하지 말고 오늘 이 시간 춤추는 내 이야기에 집중하라는 듯 친구처럼 다정하게 다가온다. 꽃처럼 예쁘게 피어나기를 바라듯 팔랑거리는 치마의 흔들림 속에 빠져들어 간다.

홀라댄스할 때 전우 같은 '동료'가 필요하다. 홀라댄스는 혼자보다는 함께 할 때 더 아름다운 춤이다. 단체 군무의 특징이 딱딱 맞아야 멋있다. 그러려면 각도, 높이, 모든 호흡 하나라도 똑같아야 멋진 장면이 연출된다. 물론 똑같은 의상을 입는다. 생김새가 다르고 몸 사이즈가 달라도 잘 하는 팀들을 보면 한결같이 같은 사람이 춤을 추는 것을 본다. 얼마나 많은 연습을 했을까 느껴진다. 똑같이 춤을 잘 추려면 마음이 맞아야 하고 연습을 밥 먹듯 해야 한다. 공연준비를 하려고 하면 똑같은 곡을 수없이 반복한다. 그럼 자연히 만나는 횟수가 늘고 서로 사귀게 된다. 마음이 통하는 동료를 만나면 자신의 비법을 아낌없이 나누어주고 서로의 느낀 부분을 이야기하면서 실력을 키워갈 수 있다. 같은 길을 걸어가는 통하는 친구가 있다는 것만으로 든든하고 행복하다. 홀라댄스를 할 때 더욱 기분 좋게 만들어 주는 요소가 된다. 내가 열정을 가지고 즐겁게 할 수 있는 원동력을 제공해주는 동료가 있다는 것은 행운이다. 홀라댄스의 즐거움을 나누며 성장할 수 있으므로 더 오래 할 수 있는 것이 아닌가 생각이 든다.

홀라댄스는 나에게 '기쁨'을 준다. 나를 잘 표현해준다. 가르치는 강사로 활동하면서 훌라댄스는 내가 되었다. 내가 자랑하고 알려야 할 나의 브랜드가 되어 준다. 그것이 부담스러웠다면 할 수 없다. 하지만 내가 하는 훌라댄스를 많은 사람이 알았으면 좋겠다. 끝이 없는 훌라댄스를 잘하려면 시간이 아주 많이 걸린다. 그때까지 기다리기보단 내가 성장하면서 배우는 것들을 잘 가르치면 되겠다는 결심을 하고 현장에 나왔다. 기가 죽고 위축되는 상황은 언제든 생긴다. 하지만 내가 훌라댄스가 된 이상 나를 자랑해야 한다. 나에게 어울리는 색을 찾아 더욱 좋은 인상을 주려고 노력하는 것처럼 찾아가면서 즐기면 된다. 그것이 가장 매력적이고 흥미가 있다. 훌라댄스의 진짜 매력은 나를 자라나게 한다는 것이다.

훌라댄스가 주는 매력은 끝이 없다. 훌라댄스는 동작과 음악을 통해 하와이 문화를 자연스럽게 연결해준다. 훌라댄스를 통해 건강한 신체를 얻을 수 있고 자신을 표현하는 방법을 얻게 된다. 하와이음악이 주는 멜로디와 가사에서 더욱 매력을 느낄 수 있다. 창의적이고 아름다운 의상, 장식은 더욱 훌라댄스를 독보적이게 해준다. 다양한 사람들을 자연스럽게 만나게 되고 춤을 통해 공동체를 이루며 공연을 하기도 하고 춤을 완성해가는 과정에서 즐거움과 보람을 느끼게 한다. 훌라댄스의 진짜 매력은 여기에 있다. 나를 나답게 해주고 나를 잘 표현해준다. 다양한 요소들이 결합되어 춤추게 하는 훌라댄스의 매력에 한 번 빠져보면 알 것이다.

제5장
훌라댄스로 나는 인생 2막을 살고 있다

인생 2막, 훌라댄스를 선택했다

"5127이란 숫자를 아시나요?"

먼지 없는 청소기를 만들기 위해 무려 15년 동안 수많은 개발을 하면서 발생한 크고 작은 오류, 실패한 숫자이다. 세계 최초로 사이클론 기술을 적용해 먼지 봉투 없는 청소기를 발명한 영국의 다이슨 이야기이다. 주기적으로 먼지 봉투를 비워야 하는 주부들의 불편한 일을 하나 덜어줌으로써 열광적인 지지를 얻어 다이슨은 청소기 판매 선두업체로 급부상한다. 어디에도 없는 제품을 만들기 위해 실패의 반복은 값진 결과물을 만들었다. 이 점에서 내 인생에서 과연 무엇을 이루겠다고 5127번이란 실패를 각오하고 열정적으로 살아온 적이 있는지 물어보았다. 하물며 하나의 제품을 완성하기 위해 오랜 시간 수정하고 반복하고 실패하고 이것에 굴하지 않고 노력을 했는가? 내 인생의 길에서 끈기와 용기를 가졌는가? 생각하게 된다.

    중년의 나이가 되면서 내가 하는 일이 오래 할 수 있는 일인지 생각하게 되었다. 보통 인생 2막을 어떻게 살아가야 할 것인가 고민을 하게 된다. 아이들은 장성해서 각자 가정을 찾아 떠날 것이고 건강하게 내가 하고 싶은 것들을 하면서 행복하게 살 수 있을까를 한 번쯤은 생각하게 된다. 다른 나의 인생을 살아보겠다고 각오를 하고 예전의 방식을 반성하고 재평가하는 시기이기도 하다. 나의 미래를 위한 계획을 생각하면서 후반전을 어떻게 살아야 하는지 고민할 때이다.

    중년의 나이에 가장 중요하게 생각하는 부분이 무엇일까? 그것은 신체적, 정신적으로 건강을 유지해야 한다. 나이가 들면서 예전 같지 않다는 말을 많이 한다. 체육대회를 하다 보면 의욕은 앞서는데 몸이 따라주지 않아 넘어지는 장면을 본다. 점점 신체나이가 들어가면서 어떻게 유지할 것인가 신경을 써야 한다. 규칙적인 운동도 하고 건강한 식사를 하면서 몸의 균형을 유지하는 것이 중요하다. 오래 사는 것도 중요하지만 건강하게 자신을 잘 관리하는 것이 무엇보다 중요하다고 생각한다. 무엇으로 건강한 신체를 유지할까? 나이 들어 오래 할 수 있고 이왕이면 다른 사람들을 도우며 살아갈 수 있다면 좋겠다는 생각을 좁혀갔을 때 훌라댄스만큼 매력적인 것은 없었다.

훌라댄스를 한 달쯤 못했다. 몸이 점점 회복해가는 과정중에 잠시 훌라댄스를 쉬었다. 사랑하는 사람에게 나의 신장을 기증하는 결정을 하고 수술을 했다. 수술 전날, 유난히도 큰 장미꽃이 병원 앞 화단에 피어있는 것을 보았다. 마치 붉은 장미가 오가는 많은 사람에게 피어있으므로 존재를 말하듯 서 있는 것 같았다. 오랜 시간 마음에 커다란 각오를 하듯 아름다운 선택을 마치 축복하듯 반기는 날, 그날 잠을 잘 잘 수 있었다. 그리고 수술은 성공적으로 이루어졌다. 몸을 움직일 수 없었던 시간에 누워서 창밖 하늘을 바라볼 때 '그래도 다행이다' 라는 생각을 했다. 살아있음이 행복하고 모든 것들이 아름다웠다. 여전히 부자연스러운 몸은 노란 은행잎이 한가득했던 때가 지나, 낙엽들이 하나둘 떨어질 때 기력을 회복할 수 있었다. 모든 것이 정상으로 변해가는 일상들이 얼마나 반가운지 몰랐다. 앉았다 일어서는 것도 무척이나 감사하고 함께 웃을 수 있는 가족이 있어서 좋았고 내가 다시 태어나는 것처럼 느껴지는 것이 추운 바람이 불 때쯤에는 예전처럼 모든 생활이 가능했다. 무리하지 않는 선에서 연말발표회 때 혼자서 솔로로 훌라댄스를 한다고 신청을 했다. 그렇게 실력이 좋을 때는 아니지만 나 자신이 큰 시험을 잘 견디고 일어서 있다는 것을 많은 사람에게 알리고 싶었다. 배에 복대를 하고 서서히 골반을 흔들며 동작들을 익혀나갔고 내 몸이 하와이 음악을 들으며 점점 더 빨리 회복되는 느낌이 들었다. 아주 편안한 몸짓은 아니지만 적어도 마음이 편안하고 가사에 집중하는 내 모습을 칭찬해

주고 싶었다. 그렇게 훌라댄스를 한다는 것만으로 나의 건강함을 알릴 수 있다는 것에 기분이 좋아졌다. 누워있을때 편하게 훌라댄스를 할 수 없었으니까 더 간절했고 더 소중했다. 훌라댄스가 더욱 나에게 친근하게 다가온 그때부터 난 더욱 빠져들기 시작했다. 수많은 나의 위기 앞에서 적어도 우울한 기분에서 벗어날 수 있게 해준 고마운 훌라댄스이다.

지금은 한층 더 모든 것을 내려놓고 훌라댄스에 몰입하고 있다. 그렇게 결정하고 살 힘은 어디에서 오는 걸까? 삶을 아름답게 살기 위해서는 꿈의 소리를 듣기를 바랐던 것이 아닐까? 누구의 아내, 누구의 엄마, 누구의 딸이 아니라 나 스스로 존재를 증명하기 위해 선택하지 않았을까 나를 증명해 내기 위해서 나만의 노하우를 알리고 그것으로 더욱 존재를 말하고 싶은 것이 아닐까 말이다. 하지만 그것이 어떤 도구로서 나를 대변하고 싶지는 않다. 그것은 언제든 변화하기 때문이다. 싫어서 버린다면 내 존재 자체가 흔들리는 경우가 생기지 않도록 하기 위해서는 내가 지켜야 할 것이 바로 내 인생을 책임지고 살아갈 수 있는 자신감이 필요하다. 내가 먼저 있고 훌라댄스가 있는 것이다. 내가 살아갈 인생에 훌라댄스가 나에게 다가왔고 둘도 없는 친구가 되어서 서로에게 좋은 에너지를 주고 있다.

사람들은 이야기한다. "얼마나 좋으세요! 좋아하는 것으로 즐겁게 살아가니까!" 선택을 참 잘했다고 한다. 나도 그렇게 생각한다. 얼마나 다행인가 이제 내가 훌라댄스와 걸어온 길도 7년째 접어 들어선다. 무엇인가를 하고 있다는 것이 다행이다. 그것이 훌라댄스여서 다행이다.

특히 훌라댄스 중 훌라워십을 하고 싶었다. 하나님을 찬양하는 곡에 맞추어 춤을 출 때 더욱 감정과 정성을 모아 춤을 출 때 더 자유롭다. 춤은 대상자가 분명히 있다. 대중을 향해서 가사의 의미들을 자연스럽게 몸으로 표현하고 희로애락을 표현하며 몸으로 설명한다. 크고 작은 몸짓으로 어떨 때는 강하게 어떨 때는 작은 몸짓으로 다양함을 구사하며 가사에 리듬에 충실히 한다. 내가 경배해야 할 하나님이 대상일 때는 더욱 어린아이 같은 마음으로 춤을 출 수 있다. 대부분의 시선이 하늘을 향해 간절한 마음으로 간절히 구하거나 경배하는 동작들을 많이 하게 된다. 꼭 내 옷을 입은 듯 편안하고 기쁘다.

나를 나답게 하는 것은 나 자신을 잘 표현할 수 있으면 된다. 자신의 그릇에 맞게 쓰임을 받고 있고 다듬어가는 과정에서 얼마나 행복한가. 그것을 나누는 것이 얼마나 아름다운지 모른다.

작은 변화가 세상을 움직일 커다란 변화를 가져올 수 있다. '브라질에 사는 나비 한 마리의 날갯짓이 미국 텍사스에 큰바람을 일으킬 수 있다' 라는 기상 이론 '나비 효과'에 대해 들어본 적이 있을 것이다. 나의 삶에 영향을 주는 것이 생겼다. 그것은 훌라댄스이다. 나의 인생 2막에 선택한 장르, 그것을 기반으로 내 생활의 모든 흐름이 변화되어 간다. 앞으로의 커다란 변화를 가져올 수 있다고 확신한다. 아직도 갈 길이 멀다.

해야 할 일들이 너무나도 많으므로 정신을 바짝 차리고 있지 않으면 안 된다. 인생 2막의 키를 잡은 내가 마주한 인생의 바다는 적어도 아주 큰 파도가 아닌 순항이었으면 좋겠다. 여러 가지 경험들이 또 다른 파도를 넘을 때 많은 도움이 되겠지만, 그 두려움에 용기를 더한다는 것이 힘들기 때문이겠다. 앞으로 알 수 없는 길을 헤쳐나가는 힘은 충분하다. 분명 홀라댄스는 나를 도와줄 것이다.

훌라댄스로 즐기면서 산다

"행복이란 무엇일까요?"

등산하면 숨이 턱까지 차올라 더는 못 올라가겠다고 생각하지만 잠시 쉬고 나면 올라갈 힘이 생긴다. 신기하게도 몇 번의 쉼이 있고 나서 목표했던 정상에 오른다. 그럼 힘들게 올라왔던 과정은 눈 녹듯이 사라지고 황홀한 풍경에 넓은 시야가 한눈에 들어와 마치 신선이 된 듯 모든 것을 다 가진 사람처럼 두 손을 번쩍 든다. 그때의 기분은 이루 말할 수 없다. 스스로 도전한 목표가 크든 작든 이루어지는 소소한 성취감은 행복하게 만든다. 즐긴다는 것은 다양한 감정들이 숨겨져 있는 것 같다. '할 수 있을까?' 두려움과 불안한 감정 속에서 '그래도 해보자! 할 수 있어!' 하고 긍정적인 마음들과의 교차하는 반복된 마음이 든다. 반신반의

하면서 작은 성공을 맛보는 짜릿한 기분은 기쁨과 환희를 가르쳐준다.

홀라댄스의 끝없는 도전은 나를 성장하게 한다. 많은 사람이 홀라댄스를 모른다. 다양한 운동들이 있지만, 홀라댄스를 취미로 배운다는 것은 생각도 못 했다는 이야기를 한다. 연예인들이 하와이에서 배워온 것을 드물게 하는 정도이지 생활 속에서 춤을 춘다는 것은 상상하지 못했다고 한다. 이런 말을 들을 때면 더 많은 곳에서 수업이 이루어졌으면 좋겠다는 생각을 하게 된다. 내가 수업개설을 희망하는 곳에 이력서를 넣고 이야기를 하면 아주 생소한 프로그램이라고 말한다. 인기 있고 사람들이 많이 찾는 강좌를 먼저 열어주려고 한다. 더 홍보해야 하고 폐강될 수 있기 때문이다. 그래서 내가 찾은 해답이 '홀라댄스 대중화' 이다. 많은 사람이 가까운 곳에서 서로서로 만나 춤을 추며 즐기는 모습을 상상하게 되었다. 그것이 내가 해야 할 일이라 생각한다. 그러기 위해서 내가 많은 곳에 홀라댄스라는 춤을 알려야 한다. 내가 찾은 대상자는 중년 나이에 취미를 갖고 싶은 사람들이다. 과격하고 몸을 많이 움직이는 것이 부담스러운 사람들에게 딱 어울리는 춤을 가르쳐줘야 한다고 생각했다. 앉았다 일어나는 행동이 부자연스러운 나이에 있는 분들에게 서서 골반을 좌우로 움직이는 춤이야말로 제격이라는 생각이 든다. 나이 들면 외롭다는 이야기를 많이 한다. 하지만 함께 모여서 홀라댄스를 하면서 운동도 하고 서로 대화도 하고 삼삼오오 친분을 쌓으며 지낼 수 있다.

　50대 60대들의 일자리 창출과 여가를 위해 다양한 프로그램을 운영하는 50플러스센터를 알게 되었다. 일반 문화센터와는 조금 다른 커뮤니티를 만들어 활동하는 것을 더 권장하는 곳이기에 저렴한 가격으로 색다른 프로그램을 배우려고 많이 문을 두드린다. 이곳에 강좌를 만들면 좋겠다는 생각을 하게 되었다. 내가 활동할 수 있는 가까운 지역에 문을 두드렸다. 강동 50플러스는 '사람품 학교'라는 프로그램으로 강사들에게 기회를 주고 있었다. 서초 50 플러스는 'BTS (Best Teacher Ceocho)'라는 형태로 강사를 모집했다. 운영하는 방식은 조금 달랐다. '사람품학교'는 상, 하반기에 진행하고 공고에 올라간 일정에 맞추어 서류를 내면 면접을 받을 기회를 얻는다. 대면 면접이 있다. 실제로 자신이 가르치고 싶은 그것을 시연한다. 그리고 최종합격 여부를 알 수 있다. 그리고 자신이 제출한 강의일정대로 수업을 진행할 기회를 준다. 'BTS'는 상, 하반기에 진행하고 원서를 제출하고 서류에 합격하면 면접과정이 있다. 다양한 질문을 하고 최종합격 여부를 통보한다. 그리고 일정한 수업을 3개월 정도 받는다. 그 과정에서 자신의 콘텐츠에 맞는 수업을 준비해서 동영상을 촬영한다. 유튜브에 올라간 영상을 통해 수업에 대한 수요조사가 이루어지고 수업이 이루어진다. 주최 측에서 제시하는 다양한 기회들을 경험하는 과정에서 한 번에 이루어지는 것은 아니고 여러 번 재시도하면서 과정을 이수할 수 있었다. 단순하게 수업을 하는 강사가 아닌 회원으로서 수업을 받아보고 내가 선생님이면 이런 것을 해봐야겠다는 다양한 수업방법을 배우게 되었다. 역시 배우면서 가르치는 것이 맞는 것 같다. 퇴사하고 막막했던 시간, 내가 내 길을 찾아보겠다고 여기저기 찾아보던 기회들이 도전의 기회들을 만나게 되었다. 두 번째 시도해서 합격이 된 '사람품 학교' 수업은 오늘 마지막 수업을 앞두고 있다. 이렇게 '사람품 학교'는 행복한 마무리가 되었다. BTS는 여름 한 철 수업을 듣고 다양한 콘텐츠를 가지고 있는 사람들의 사연과 어떻게 강사활동을 하고 있는지 스스럼없이 알게 되는 시간이 되었다. 동영상도 무사히 촬영하고 봄이 되는 3월이면 수업을 한다. 수강 접수 중이다. 역시 떨리는 순간을 맞이하게 된다. 어떻게 어떤 곡을 가르칠지 준비가 다 되었고 접수결과만 기다리면 된다. 어떤 분들이 오실까? 설레는 기분으로 며칠 있을 수업을 기다리게 된다. 도전하고 이루어지는 과정에서 많은 사람을 만난다는 것은 색다른 경험이다. 직장생활에서 주어지는 환경의 몇몇 사람들과의 접촉이 전부였던 나의 환경이 이제 다양한 사람들을 수없이 만난다. 그것이 어색하고 소외감을 느끼는 것이 아니라 내가 더 적극적으로 나를 알리고 상대방을 인정해주면서 배울 수 있는 시야가 넓어졌다. 만나는 사람들에게 좋은 에너지와 격려를 받으면 훌라댄스를 하길 참 잘했다는 생각이 든다. 또 다른 훌라댄스 강사가 되기까지 다양한 경험들이 참 많다.

가만히 있으면 아무것도 일어나지 않는다. 땅을 파야 우물을 발견하듯이 훌라댄스 대중화를 꿈꾸게 되었다면 훌라댄스를 가르치는 일부터 해야 한다. 지금은 내가 사는 지역에서 시작하지만, 더 넓은 더 많은 곳에서 수업이 이루어질 것이다. 분명히 좋은 운동이 될 거라는 확신이 들기 때문이다. 내가 할 수 있는 일이 있다는 것이 너무 행복하다. 내 몸도 건강하게 챙기고 사람들을 즐겁게 해줄 수 있으니 나도 기쁘다. 나의 일상이 훌라댄스를 하면서 점점 즐거워진다. 일정표에 훌라댄스 수업하는 날을 핑크 형광펜으로 장식을 한다. 점점 늘어나는 핑크색 체크가 나를 자랑스럽게 만들어 준다. 내가 필요한 곳으로 나는 언제든지 달려갈 준비가 되어 있다. 훌라댄스 일정들이 늘어나는 만큼 나의 실력도 향상되어 간다. 저절로 무한 반복을 해야 한다. 그냥 서서 말로 설명하는 것이 아니라 입으로 설명하고 몸으로 춤을 추고 눈으로 회원들이 잘 하는지 쳐다보아야 한다. 춤을 가르치는 사람들의 특징이다. 그래서 다음에 이것을 수정해 주어야겠다 생각을 하다가 잠깐 버벅거릴 때가 있다. 몸 따로 생각 따로 움직여야 하기 때문이다. 하지만 여러 번 반복해도 신이 난다. 그만큼 훌라댄스가 좋다.

즐겁게 산다는 것은 삶에 대한 행복감과 만족감을 경험하는 것이다. 누구도 알 수 없는 자신만이 느끼는 희열, 뿌듯함이 마음에 꽉 차게 된다. 수업하고 돌아서는 발걸음이 점점 가볍게 느껴진다. 아직도 머릿속에 환하게 웃고 있는 회원들의 모습이 생생하게 생각이 든다. 수험생을 가르치듯 완벽해야 한다는 부담감이 없으면 좋겠다. 이 시간에 힐링하며 스트레스를 날려버리는 시간으로 깊은 호흡으로 사랑, 감사, 기쁨, 아름다움만 채워가면 좋겠다. 아주 작은 성취가 큰 성공을 만들 수 있다고 나는 믿는다. 기분 좋은 생각들이 꼬리를 물고 새로운 아이디어가 생기면서 다양한 변수를 슬기롭게 극복할 수 있다. 슬픔, 불안, 스트레스를 완화해주고 긍정적으로 살아갈 기회를 많이 만들어 주는 것이 건강한 삶을 살아가는 지름길을 만들어 줄 것이다. 작은 행복과 즐거움을 느끼고 싶다면 뾰족한 내가 만족할만한 것 하나쯤은 있으면 좋겠다.

긍정에너지가 넘쳐난다

"관계를 추구할 것인가?"

"돈을 추구할 것인가?"

행복한 사람들과 그렇지 않은 사람들의 차이가 있다.

행복한 사람들은 자신의 일상에 어떤 것을 담을까?'라는 질문을 생각해 본다. 발견한 사실은 행복한 사람들은 '좋은 사람과 보내는 시간'을 자신의 일상과 경험에 집중적으로 쓸어 담지만, 행복하지 않은 사람들은 '금전적 이득'을 주로 담는다는 것이다. 한마디로 행복한 사람들은 친밀한 사람들이 주는 위로를, 행복감이 낮은 사람들은 돈이 주는 위로를 찾았다. 일상에서 경험하는 삶의 재미와 의미 그리고 활력은 물질로 채워질 수 없다는 것이다. 행복하려면 기쁨과 긍정을 가져다주는 사람들과 함께하라고 한다. 가족과 오붓한 시간을 만들어 따뜻한 정을 나누고, 친구를 만나 끝없는 수다를 하며 맛있는 것을 먹는 시간, 다양한 공동체에서 새로운 경험을 하며 배우는 것이야말로 행복의 조건이 될 수 있겠다.

하루하루 지나면서 감사할 것이 수없이 많아졌다. 정확히 말하면 감사를 하니까 더 많아지는 느낌이다. 아주 크고 어쩌다 일어날 것 같은 행운이라면 감사의 조건으로 찾기가 힘들다. 하지만 지금 글을 쓰고 있는 이 시간이 너무도 행복하다. 매일 나답게 사는 법을 가르쳐주며 정리하는 시간이기 때문에 하루하루가 새롭고 기대가 된다. 그러면서 행복한 사람으로 만들어 준다. 하루의 단단한 시작은 무엇을 하든지 자신감이 넘친다. 가진 것이 적어도 내 안의 나를 믿어주는 활기찬 믿음은 삶을 더 긍정적으로 바라보게 된다. 내가 지나온 시간 중에 한 발짝 걸어가는 요즘의 찬란한 날들을 기록으로 남기는 소중함은 무엇으로도 바꿀 수 없을 것이다. 글을 쓰며 글처럼 살아가지는 것을 경험하게 된다. 내가 소중하게 여기는 시간에 무엇을 담을 것인가 분명한 우선순위를 정하면 조금 더 흔들림이 없는 시간을 보낼 수 있을 것 같다. 따뜻한 커피 한 잔과 잔잔한 음악이 있는 새벽에 타자하며 내 생각과의 대화를 이어나가면서 흰 백지의 종이 위가 어느새 꽉 차버리는 하루하루가 그림처럼 느껴진다. 내 하루의 시작이 평화롭고 아름답게 흘러간다.

훌라댄스 발표회가 무사히 마쳐졌다. 스트레스를 덜 받으려면 내가 종종 쓰는 방법이 있다. 이미 지나가지도 않았는데 우선 발표회가 끝나고 모두 함께 환하게 웃으며 단체 사진을 찍으며 성공적으로 마무리한 장면을 상상한다. 그리고 그것을 이루기 위해 나는 무슨 준비를 해야 할까에 집중한다. 그럼 모든 수업의 구성이 발표회를 성공적으로 준비하기 위한 과정으로 변하게 된다. 그래서 이미 회원들은 간접적인 경험을 수업에서 하고 있으므로 이게 발표회인지 수업인지 분간하기 어려울 정도로 의도된 수업을 진행한다. 상상한 것을 이루어 나가는 과정에서 더 좋은 아이디어가 떠오른다. 그리고 철저히 계획한 것을 빈틈없이 메모해둔다. 그것은 상상만 하면 머릿속이 복잡해지니까 글로 각인을 해두면 깔끔하게 정리정돈이 된다. 이것도 스트레스를 줄이는 방법이다. 잡다한 생각으로 채워지면 이 사람 저 사람의 말에 흔들리게 된다. 상황에서 정확한 판단을 하려면 머릿속의 생각을 잘 정리해두는 것도 필요하다. 멋진 마지막 장의 사진을 찍기 위해서 평소에도 틈틈이 자세를 잡아주며 손동작, 웃는 미소를 연습한다. 한 회원이 이렇게 이야기한다. "선생님이 사진을 자주 찍어주셔서 지금은 아무렇지 않게 찍게 돼요" 이것도 의도된 나의 계획에 포함된 행동이었다. 모든 것이 발표회의 마지막 장면을 위해 짜인 커리큘럼대로 진행되고 있으니 차곡차곡 채워진 시간이 더 자신감을 주게 된다. 그것이 발표회를 잘 마칠 수 있는 요인이 된 것 같다.

상상 속에 빠진 것이 있었다. 발표회가 끝나고 솔직한 회원들의 이야기가 듣고 싶어서 소감을 물어봤다. 한 사람씩 돌아가며 이야기를 해주었다. 어쩌면 발표회의 마지막 장면이 내가 생각하는 하이라이트라고 생각했는데 뜻밖에 최종 너무 멋진 장면이 연출되었다. 내가 훌라댄스를 하는 이유이며 내가 더 최선을 다해서 할 수밖에 없겠구나 하는 마음 속의 울림이 나오는 순간이었다. 수강신청이 이루어지는 과정도 극적이었다. 열리자마자 5분 만에 15명의 수강신청이 마감되었다는 것을 들었다. 아는 지인이 본인은 대기신청 중이라고 해서 알게 되었다. 그만큼 훌라댄스를 아니 배움에 열심인 분들의 진솔한 이야기를 직접 들으니 너무도 공감되었다.

어떤 회원은 퇴직하고서 가릴 것 없이 무엇이든 배우는 것을 좋아해서 배우는데 운동만큼은 자신이 없었다고 한다. 그래서 훌라댄스라는 새로운 것에 도전을 해봤는데 운동과 춤이 하나가 되어 단번에 해결되는 느낌이 들었다는 것이다. 또 다른 회원은 갱년기 우울증에 하루하루가 재미가 없고 힘들었는데 수업을 들으며 선생님의 활기찬 모습을 접하고 집에서도 하와이 음악을 계속 듣게 되니 즐거워졌다고 한다. 그래서 훌라댄스를 계속해야겠다는 이야기를 한다. 어떤 회원은 35년 정년 퇴임을 하고 어디로 여행을 갈까 가족회의를 했는데 하와이로 가자고 했다고 한다. 훌라댄스를 하와이에서 추고 싶다고 해서 모두가 한참 웃었다. 어떤 회원은 처음으로 여행을 하와이로 갔는데 그때의 기분이 생각나서 20대로 돌아간 것 같다고 했다. 어떤 회원은 세 번이나 전철을 갈아타며 오가는 길이 너무 즐거웠다고 한다. "훌라댄스가 운동이 되겠어?" 반신반의하며 새로운 춤을 한번 배워보자고 등록을 했는데 온몸이 땀으로 범벅이 되며 춤추는 훌라댄스가 이렇게 운동이 될 줄 몰랐다고 한다. 수없이 많은 이야기의 공통점은 훌라댄스의 음악에 빠져 시간 내내 행복했다고 그리고 선생님의 긍정적인 에너지가 좋았다는 칭찬을 해주었다. 내 귀와 마음이 호강하는 순간이었다. 칭찬세례를 한꺼번에 받는 내 모습은 상상하지 않았기 때문이다. 발표회를 다 마치고 환한 미소와 상기된 표정들로 서로서로 수다를 하며 웃는 모습은 정말 오래 내 기억 속에 남을 것 같다.

누군가에게 행복한 순간을 만들어 주는 것, 얼마나 귀한 일인가! 그것도 운동하면서 마음을 다스리며 행복감과 성취감 그리고 만족감을 가질 수 있다는 것이 얼마나 보람이 있는지 모른다. 알록달록 꽃목걸이를 걸어주고 플루메리아 꽃을 머리에 꽂아주고 한 사람씩 장식들을 매만져주며 도와주는 순간들이 스쳐 지나간다. 어쩌면 소소한 작은 기쁨을 소중하게 간직하는 습관이 적은 것은 아닐까, 내가 숨 쉬는 순간 또한 내가 움직이는 팔다리가 있는 것 또한 감사하게 하는 아주 큰 원동력이 될 수 있다. 내가 할 수 있는 일들을 소소하지만 나누면서 서로가 공감해 가고 그것을 인정해주는 것이야말로 행복해질 수 있을 것 같다. 지나치게 잘하려고 욕심부리는 삶이 아니라 넉넉한 마음으로 다른 사람의 삶을 도와주는 것이 진정 내가 바라는 삶이다. 내가 행복해지는 비결은 나답게 살아가면서 다른 사람들과 더불어 내가 가지고 있는 것을 나누며 사는 삶이 아닐까 아주 소소한 것이라도 말이다. 그것이 내가 살아가야 할 이유라면 어쩜 최선을 다해 노력하게 된다. 다른 사람들을 성장시키기 위해 진심으로 돕는다. 그런 사람들과 함께하는 삶이 내가 선택한 길이라면 묵묵히 한결같이 노력하면서 살아갈 것이다. 정말 축복 된 삶이 아니겠는가 '훌라댄스 대중화'라는 마음을 가슴에 묻고 간절히 원하고 노력하면 서서히 이루어지지 않겠는가? 그래서 나는 점점 더 자라고 있다. 내 끝이 어디인지 나도 잘 모른다. 우선 내가 연상하는 마지막 이미지는 있다. 온 동네 사람들과 더불어 백발의 흰머리를 한 노인이 아름다운 옷을 입고 훌라댄스를 함께 생활에서 춤을 추고 있는 장면이다. 물론 나이 들어 뻣뻣한 몸이겠지만 누구보다도 행복한 미소를 하면서 말이다. 그날을 기대하며 오늘 내가 어떻게 살아야 하는지 분명히 알게 된다. 가슴 가득 담아야 할 것이 무엇인지 감사하는 마음뿐이다. 100세가 될 때까지 꾸준히 연습하고 노력하며 즐기는 나를 위해 너를 위해 우리를 위해 오늘도 파이팅이다.

심신의 건강 비결이 훌라댄스이다

"몸을 움직이는데 왜 마음이 건강해질까?"

몸을 움직이며 운동을 하면 자연스럽게 근력이 생기고 균형감각이 생겨 몸이 튼튼해지는 것은 당연하다. 그런데 마음마저 건강해지는 이유는 무엇일까? 몸을 움직이면 기분을 개선하고 고통과 스트레스를 줄일 수 있는 신경 전달 물질인 엔돌핀이 방출한다고 한다. 스트레스 호르몬을 낮추고 세로토닌과 도파민과 같은 기분을 좋게 하는 신경 전달 물질의 생성을 증가시켜 스트레스와 불안을 줄이는 데 도움을 준다. 규칙적인 운동은 뇌로 가는 혈류를 증가시켜 인지 기능을 향상해 기억력, 집중력 및 학습 능력을 향상할 수 있다고 한다. 몸을 움직이면 몸에 좋은 호르몬을 통해 기분이 좋아지고 자존감이 향상되는 효과를 느낄 수 있다.

훌라댄스를 하면서 가장 고치기 어려웠던 것은 자세이다. 구부정한 자세로 앉아서 컴퓨터를 보며 일하던 습관이 되어 평상시의 모습도 구부정한 것이 훨씬 익숙해진 것 같다. 그리고 배를 내밀고 서 있는 자세 등 모든 것이 훌라댄스의 기본자세인 상체를 곧게 세우고 허리를 펴고 서 있는 자세를 유지하는 것에 익숙해지려면 의식하면서 고치려 해야 한다. 나이가 들면서 어깨가 자연스럽게 쭉 늘어지는 것을 자연스럽게 볼 수 있다. 그 이유는 배에 힘이 없어지기 때문이다. 훌라댄스를 하면서 허리 쪽의 근력이 강화되고 코어의 힘이 생성되면 자연스럽게 유지하는 힘이 생긴다. 점점 자연스럽게 자세를 바르게 만들어가게 된다. 자세가 변화되니 나도 모르는 자신감이 생긴다. 구부정했던 모습은 온데간데없고 당당하게 서 있는 모습을 한 거울 속에 비친 내 모습을 보며 점점 뿌듯해진다.

딸과 함께 처음으로 필라테스 레슨을 받게 되었다. 필라테스가 좋다는 이야기는 들었지만 직접 체험을 하고 싶어서 함께 신청했다. 우선 테스트를 받고 싶다고 하고 1:2 레슨을 받는 날이 되어 트레이닝을 받을 준비를 하였다. 어여쁜 선생님이 오셔서 맨손으로 하는 운동부터 시작해 다양한 기구를 활용한 운동까지 점차 강도를 높여 지도해주었다. 동작하면서 어떤 근력을 강화해주려고 반복하는지 생각하면서 따라 하는 시간이 흥미로웠다. 버티기가 어려울 때는 기구가 도와주니 수월하게 견딜 수 있었다. 반복해서 하게 되면 스트레칭과 근력 강화에 상당한 도움을 줄 것으로 생각이 든다. 나중에 안 이야기이지만 선생님이 딸과 친구여서 대화를 했다고 한다. "너희 엄마는 운동하시니? 제법 잘 따라 하신다"고 물어보았다고 한다. 딸도 너무 힘들었는데 수월하게 잘 따라 하는 나의 모습을 보고 내심 놀랐다고 말하기에 기분이 좋아졌다. 훌라 댄스를 하면서 자연스럽게 늘어난 근력이 아닐까 생각을 해보았다. 나는 춤만 추었는데 자연스럽게 몸의 근육과 균형이 생기게 된 것이 분명했다. 훌라댄스를 하면 운동 효과가 확실하다는 것을 느끼는 시점이기도 하다.

등산을 많이 다닌 편은 아니다. 산이 주는 편안함과 자연의 아름다움이 좋다. 혼자 가면 못 갈 것 같아 동우회 회원과 함께 등반을 계획한다. 아무것도 모르고 따라갔는데 올라가는 한 시간쯤 되었을 때 '나는 못 올라가겠구나' 하는 마음이 스멀스멀 올라왔다. 시작부터 숨이 턱까지 올라오는 것이 새벽 동이 트기 전 랜턴의 불빛을 바라보며 산을 숨 가쁘게 오르는 길은 비장하기까지 했다. 다행히 잠시 쉬고 나니 숨을 돌릴 수 있었다. 초콜릿 한입 입에 물었는데 다시 올라갈 힘이 갑자기 생기면서 다시 오르기를 반복, 몇 번의 고비가 있었다. 중턱에 올라 굽이굽이 보이는 산등성이는 그림에 나올법한 풍경이었다. 정말 장관이다. 내 생전 이런 풍경을 볼 수 있을까 생각하니 감동이 밀려왔다. 산정상의 위엄은 쉽게 올라올 수 없는 산임을 증명이라도 하듯 갑자기 살이 아리는 추위가 몰려왔다. 정상 기념사진을 찍겠다고 추위를 무릅쓰고 줄을 서서 하늘을 바라보며 승리의 사진을 남겼다. 이제 더 큰 난관이 기다리고 있는 줄 꿈에도 몰랐다. 심겼게 올라온 길을 이제 내려가야 한다. 내려가도 끝이 없는 하산길 따라 걷다가 몸이 내 몸 같지 않다는 생각을 했다. 다리는 이미 풀려서 속도를 전혀 낼 수가 없었다. 어느 정도 가니 이제는 정신력의 싸움이라는 생각을 했다. 산행은 나에게 언제나 기가 막힌 경험을 만들어 주었다. 내가 산을 정복해야겠다는 생각은 기본적으로 내 몸을 믿었던 것이 아닐까 생각이 든다. 평소의 단련된 체력이 없었다면 결코 이룰 수 없었던 결과일 것이다. 앞으로도 어떤 일이든 해낼 수 있는 자신감이 생겼다. 내가 나를 증명하는 방법, 건강한 이유를 더욱 깨닫게 된 계기가 되었다.

내 인생에서 다양한 도전은 몸을 움직이는 것뿐만 아니다. 밝은 미소는 내게 준 선물 같다. 훌라댄스만 했을 뿐인데 춤을 추면서 얻게 된 습관이다. 표정은 춤을 추는 사람들은 기본적으로 만들어야 한다. 내면의 풍부한 표현들을 온몸으로 표현하지만, 얼굴에서 확실한 것을 더 느낄 수 있다. 기쁨, 슬픔, 괴로움, 환희 모든 감정을 다양한 표정에서 먼저 느낄 수 있기 때문이다. "선생님의 밝은 에너지가 보기 좋아요"라는 이야기를 부끄럽게도 종종 듣는다. 이것은 열정이라고 표현하고 싶다. 내가 좋아하는 것을 하는 것도 기쁜데 이것을 다른 사람들을 가르치는 기쁨은 더 큰 것 같다. '어떻게 하면 쉽게 이해할 수 있을까? 어떻게 하면 재미있게 즐기면서 가르칠 수 있을까?' 생각했을 때 즐기면서 하는 사람을 당할 수는 없을 것 같다. 사실 집에서 훌라 치마를 고를 때부터 설렌다. 곡에 맞는 색감을 선택하며 어떤 꽃장식을 할까? 이것저것 쳐다보며 준비하는 시간이 벌써 나를 강의실로 인도한다. 그리고 설렘 반 긴장반 회원들을 만나게 되면 방긋방긋 웃으며 맞이해주는 분들이 하나둘늘어날 때면 기쁘지 않을 수 없다. 훌라댄스를 배울 때보다 어쩜 가르치면서 더욱 보람이 생기는 것 같다. 억지로 하라고 해도 못 할 것이 내가도전하고 이루어가고 또 새로운 만남이 이루어지고 내 생활에서 느끼는 활력소가 자연스럽게 나에게 자신감을 준다.

훌라댄스가 주는 효과는 너무도 많다. 훌라댄스는 유연성, 균형 및 심혈관 건강을 개선할 수 있는 저강도 운동이다. 훌라댄스의 움직임은 코어, 다리, 팔을 포함한 다양한 근육을 사용하면서 만들어 준다. 자세도좋게 만들어 준다. 훌라댄스는 이완을 촉진하고 스트레스를 줄이며 정신 집중을 향상할 수 있는 마음을 챙길 수 있는 연습을 하게 한다. 훌라댄스의 음악은 마음을 진정시키고 행복감을 느낄 수 있게 도와준다. 또한, 훌라댄스 커뮤니티에서 배우고 공연을 통해 발표하는 경우가 종종있다. 그럴 때 작품을 반복하면서 새로운 아이디어가 생기며 자신감을 높여주고 더욱 커뮤니티가 활발하게 활동을 한다. 그러면서 소속감도 느낄 수 있다. 훌라댄스가 주는 매력은 심신을 더욱 건강하게 만들어 준다. 반복해서 아름답고 행복해지는 순간을 만들어 줄 수 있는 하와이 훌라댄스야말로 내게 온 선물이다. 모든 연령대가 다양하게 즐길 수 있는 훌라댄스, 다양한 경험을 통해 일정한 내가 할 수 있는 운동이 되기를 바래 본다. 긍정적인 마음을 만들어 주고 건강한 몸을 유지할 수 있는 훌라댄스야말로 최고의 운동이다. 지속해서 할 방법을 만들고 내 생활의 일부가 되어 나의 건강한 삶을 이루어줄 것이다. 훌라댄스로 나는 제2막의 인생을 살고 있다고 확신한다.

유튜브 크리에이터에 도전중이다

크리에이터(Creator)는 무언가를 창작하는 사람을 의미한다. 유튜브에서는 일반적으로 동영상을 올리는 사람을 다른 말로 하면 '유튜버'라고 한다. 유튜브가 생기기 전에는 동영상을 촬영하여 인터넷에 올리는 것이 매우 어려웠다. 값비싼 제작과정을 거쳐 영상을 만들어야 하는 부담이 있기에 누구든지 할 수 있는 일은 아니다. 유명한 연예인, 아님 방송 관련 사람들만 만들 수 있는 고유물이었다. 하지만 유튜브는 일상에서 살아가는 모든 사람이 그 주인공이 될 수 있다. 그래서 전 세계 수많은 사람이 동영상을 유튜브에 올리기 시작했고 이제는 TV를 대신하는 본격적인 동영상 시대가 온 것이다. 스마트폰의 발달로 영상을 제작하고 편집하는 기술이 더욱 간편해지고 있어 누구든 유튜버가 될 수 있다.

2015년쯤 유튜브에서 우연히 본 영상에 끌렸다. 춤에 관심이 있었기에 다양한 춤의 장르는 알고 있었지만 처음 본 영상이었다. 복음성가에 맞추어 부드러운 움직임으로 골반을 자유롭게 흔들면서 가사에 맞추어진 몸짓과 표정이 나를 사로잡았다. 그리고 이 춤은 무엇이지 궁금한 생각이 들었다. 나중에 알게 된 것은 훌라워십(Hula Worship)이라는 훌라댄스였다. 20대에 워십댄스를 배우고 가르치면서 활동했던 옛 생각이 떠올랐다. 하나님을 찬양하는 노래에 동작을 만들고 하나하나 작품을 만들었던 기억이다. 서울, 대전, 광주 등 어디서든 필요로 하는 곳에 가서 가르치면서 내게 주신 사명으로 열심히 활동했다. 창작한 곡들을 제자들을 가르치고 비디오로 제작해서 보급하는 일들로 나름 지금 생각하면 크리에이터 활동을 하고 있었다. 그 기억들이 새록새록 떠오르면서 이 춤을 배워야겠다는 결심을 했다. 그리고 검색을 하면서 훌라댄스의 정보를 찾기 시작했다. 무엇인가 나를 이끌어주는 느낌이 들 정도로 간절했던 것 같았다. 오래도록 내려놓고 하지 않았던 춤을 다시 할 수 있겠다는 희망이 생기면서 나도 유튜브 영상에서 본 춤을 추고 싶은 간절함이 생겼다.

2020년쯤 전 세계에 코로나 19라는 전염병이 유행하는 팬데믹 상태가 되었다. 모두가 멈춤. 상태였고 충격적인 일이 아닐 수 없었다. 그래서 함께했던 훌라댄스 모임도 정지할 수밖에 없었다. 잠시면 지나가겠지 생각했는데 몇 개월이 지나도 나아지지 않았다. 사람들의 모임을 통제했고 바깥에 나가는 것조차 위험한 상황이 되었다. 더욱더 혼자 있어야 하고 서로 소통할 수 있는 길은 오직 인터넷뿐이었다. 그래서 유튜브 크리에이터가 되어보자고 결심을 했다. 내가 배웠던 훌라댄스를 바탕으로 작품을 하나하나 만들어 훌라댄스를 담아두는 창고를 만들어 보자는 아이디어가 떠올랐다. 곡을 선택하고 여러 번 들으면서 한 소절씩 동작을 만들 때면 너무도 신이 났다. 어디서 오는 지혜인지 동작이 떠올라 연결을 하면 자연스럽게 표현되는 그 순간이 감동적이었다. 그리고 작품 하나를 완성하면 연습은 어설프게 되었지만 내가 만든 창작물을 잊고 싶지 않아서 영상을 담아보려고 했다. 콘셉트를 무엇으로 하지 도입부는 어떻게 만들까. 어디서 찍을까. 무슨 옷을 입을까. 무슨 장식을 할까. 등 촬영에 필요한 콘셉트를 만들기 시작했다. 영상에 있는 나를 '캔디훌라걸'이라는 이름을 지어주었다. 그리고 4060세대가 나의 영상의 대상이라고 가정했다. 그리고 장소는 방구석이었다. 야외에서 어디든 갈 수 없는 상황이었기 때문에 어떤 구석을 선택해서 촬영했다. 옷은 그동안 공연하면서 모아두었던 옷들을 코디해서 입었다. 유튜브는 규칙적인 업로드가 생명이기에 일주일에 한 번 올린다는 계획을 세우고 꾸준하게 만들었다. 창작이란 단계는 무척 어렵다. 하지만 하면 할수록 내 머리는 많은 생각을 만들 수 있었다. 어느 날 갑자기 동작이 해결되면 하늘을 나는 것 같은 기쁨이 계속할 힘을 주었다. 동영상편집에 도입부는 내가 여행을 다니며 찍은 영상물, 자연을 담은 바다, 동네산책을 하면서 찍어둔 자연 그대로의 모습을 담고 싶었다. 여행도 갈 수 없는 상황을 조금 해소하고 싶은 마음으로 넣었다. 하지만 구독자나 조회 수는 그리 많이 나오지 않았다. 애초부터 그리 많이 나오지 않을 것 같았다. 누구든 알 수 있고 관심이 있는 것은 아니라는 생각이었다. 내가 좋아하는 것을 하는 것만으로 나는 행복했다. 누군가 한 사람이라도 내 영상을 보고 힐링이 되었으면 좋겠다는 마음으로 하나씩 올리기 시작했다. 사람들은 유튜브를 해서 얼마를 벌었네 하며 수익을 창출하는 목적으로 시작하지만 나는 내가 좋아하는 일을 멈추고 싶지 않았고 이왕이면 이것을 나누면 좋겠다는 생각이 들었다. 나도 처음 훌라댄스 유튜브를 보고 감동한 것처럼 또한 어떤 사람이 나처럼 생기지 않을 이유는 없기 때문이다.

2023년 1월 9일 어느 날 문자가 왔다.

[전 일본 오사카에 사는 김 사라 (가명) 라고 합니다. 훌라워십에 관심이 있어서 문의하고 싶은 점이 많아서 이렇게 연락드립니다. 바쁘신 일정 가운데 저에게 연락해주실 수 있기를 간절한 마음으로 기다리겠습니다.]

해외에서 온 스팸 문자인가 생각이 들어 그냥 넘기려고 했다.

[제가 해외에 있어서 어려운 점이 있을 거라 생각이 들지만, 저에게

새해에 하나님께서 주신 홀라워십 비전이 있어서 실례인 줄 알지만 이렇게 연락하게 되었습니다. '두드리라 그리하면 너희에게 열릴 것이니라' 말씀 붙잡고 기도하고 있겠습니다.]

너무 구체적인 문자 내용에 그냥 넘길 수가 없었다. 그래서 답글을 남겼다. 직접 통화하고 싶은 생각이 들었다. 한 번도 만나 본 적 없는 사람과 통화를 하는 것은 신기한 일이다. '다양한 SNS 활동을 하고 있어서 나를 해외에 사는 사람이 연락을 시도하는구나!' 생각이 들었다. 하지만 어떻게 알게 되었을까 궁금했다. 그래서 제일 먼저 물어본 질문이었다.

"어떻게 저를 알게 되셨어요?"
"유튜브에서요."

참 신기했다. 단 한 사람이라도 내 영상을 보면 다행이라는 생각을 하며 제작했던 기억이 났다. 누군가 제작했던 영상을 보고 나도 홀라워십을 배웠고 자격증을 따서 누군가를 가르칠 수 있는 과정을 다 마친 후 이제 나도 누군가를 지도자로 만들고 싶다는 생각을 할 때쯤에 연락이 왔다. 해외에 살고 계시기 때문에 온라인으로 진행하기로 했다. 그것도 다른 채널에서 여러 차례 온라인수업을 했기 때문에 다양한 노하우가 생겨서 두렵지 않은 상황이었다. 춤을 온라인으로 가르치고 배울 수 있는 준비가 된 것 같아 선뜻 가르쳐드리겠다고 했다. 이 모든 것이 마치

퍼즐 맞추듯 딱 들어맞는 것이 하나의 과정을 완성하기 위한 준비를 다 마친 상태 같았다.

훌라댄스의 길은 참 다양하다. 환경과 상황이 어떠하든지 내가 마음만 먹으면 무엇이든 할 수 있겠다는 생각이 든다. 하와이 춤을 한국에서 배우면서 매력에 흠뻑 빠져서 또 다른 장르를 내가 개척하고 있는 기분이 든다. 유튜브 크리에이터는 더욱 모험심을 만들어 주었다. 전 세계인이 만들어내는 정보들을 손쉽게 습득하고 이해하면서 다양한 경험을 도와준다. 앞으로 다양한 이런 창구들이 많이 생길 것 같다. 나를 들어내고 만들어가는 과정에서 더욱 내가 확장되어 갈 수 있다고 믿는다. 그래서 도전을 멈출 수 없다. 계속 조회 수가 올라가고 있다. 구독자도 늘어가고 있다. 내가 만들어 낸 작품들이 또 누군가를 위로해주고 힘을 줄 수 있는 도구로 사용되면 좋겠다. 이것이 내가 유튜버가 된 이유이기도 하다.

100세까지 춤추고 가르치며 살 것이다

　내가 살면서 가장 하고 싶은 것은 '나누는 것'이다. 왜냐하면, 나눌수록 더욱 풍성해지는 원리를 알기 때문이다. 소중한 것을 품고만 있으면 썩어질 것이다. 하지만 꺼내어 나누다 보면 더 개발하게 되고 다른 사람들의 기쁨이 되어 나에겐 몇 배의 보람이 생긴다. 훌라댄스를 가르치며 더 분명해졌다. 지금은 100세까지 춤을 추고 싶어서 훌라댄스를 배우고 가르치는 일을 한다고 입버릇처럼 말한다. 오래오래 춤을 추며 살고 싶다. 인생의 반을 살아온 만큼 더 살아야 한다니! 그럼 어떻게 무얼 하며 살 것인가? 자연스럽게 생각하게 된다.

　어느 날 기사를 보고 깜짝 놀랐다. 100세 할머니가 요가를 가르치고 있는 장면을 보게 되었다. 멋쟁이처럼 빨간 요가복을 입고 화장을 곱게 하고서 동네 가까운 센터에서 수업하는 모습이었다. 꾸준히 해왔던 본인의 습관처럼 너무도 자연스러웠다. 100세인데, 가능한 일인가? 기사 내용에 집중하며 읽어 내려가는데 할머니는 완벽한 요가 동작을 유지하고 계셨다.

처음 훌라댄스를 배우기 시작할 무렵, 공연장에서 눈이 내린 것처럼 머리가 온통 하얗게 된 할머니가 곱게 훌라댄스 의상을 입고 기다리는 모습을 보았다. 그리 수준 높은 실력은 아닌 듯하나 내가 집중하는 것은 그 모습 그 자체였다. 그 모습이 어찌나 자연스러운지 꼭 내가 되고 싶은 모습이라는 생각을 했다. 무엇을 배운다는 그것만큼 사람을 젊게 만드는 것은 없다고 생각한다. 생전 해보지 않은 춤을 어린아이처럼 따라하며 웃음 짓는 모습이 어찌나 아름다운지 삶을 살아가는 방식이 아닌가 싶다. 혼자가 아닌 함께 추면서 무언가에 정신없이 집중하고 즐긴다는 것은 정말로 행복한 일이다. 그것에 내가 촉매 역할을 할 수 있다는 것이 어쩜 천직이 아닌가 싶다. 건강도 기쁨도 한꺼번에 좋은 것을 모두 다 줄 수 있다니 훌라댄스를 선택한 것이 참 다행이다.

일한다는 것은 무엇일까? 노동의 가치는 무엇으로도 바꿀 수 없는 신선한 것이다. 그것도 내가 좋아하는 것으로 잘 할 수 있도록 남을 도와줄 수 있다는 것이 얼마나 감사한지 모른다. 한사람이 나에게 오는 것은 행운이다. 그 사람을 만나면서 그 사람이 풍기는 향기를 맡으며 세상을 배워간다. 참 신기하게도 춤추는 모습을 보게 되면 가르치는 사람이 누구인지가 짐작이 갈 때가 있다. 그만큼 똑같이 추려고 노력하고 많이 배울수록 그 사람을 닮아가는 것이다. 그래서 선생님이 중요하다는 말을 많이 하는 것 같다. 분별력이 없는 회원으로선 그것이 전부인 양 배우게 되니까 더 잘 해야겠다는 생각이 들 때가 많다. 그래서 가르치는 것은 일이라고 보기 어렵다. 가르치는 것은 사명이다. 한 사람에게 영향력을 주는 것은 평생의 동기부여를 주면서 삶을 살아가는 힘이 되고 윤활유 역할을 하게 할 수 있다. 그것을 알고 있기에 더 겸손하게 된다. 그렇다고 너무 무겁게 생각할 필요는 없다. 내가 할 수 있는 범위에서 최선을 다한다면 그 정성은 통할 것 같다. 수준 높은 실력을 쌓아 학위를 따고 전문가가 되려고 하지 않는 이상 즐거움을 선사하면 된다.

나는 100세의 요가 할머니처럼, 나이가 들어도 계속 훌라댄스를 추고 싶다. 그 이유는 몇 가지로 축약해서 말할 수 있다.

춤을 추면서 나 자신을 돕고 남을 도와주는 사람이 되고 싶다. 사람마다 가지고 있는 고유의 특성이 있다. 그것을 인정하고 발견하면 충분히 자신의 색깔을 만들어 갈 수 있다. 종종 다른 사람을 보며 비교하면서 자신을 비추어 본다. 춤의 자세도 일정한 동작이 있지만, 신체적으로 짧은 사람이 있고 긴 사람이 있는데 똑같이 맞출 수는 없다. 균형을 맞추고 조화를 이룬 춤이 훨씬 보기 좋다. 그래서 자기답게 춤을 추는 것이 가장 이상적인 것이다. 안정적인 춤을 출 수 있도록 자신의 장점을 잘 찾아내고 그 모습에 만족할 수 있도록 도와주는 일을 계속하고 싶다. 내면의 건강과 외면의 건강을 돕는다는 것이 보람이다. 그래서 오래 이 일을 하고 싶다. 나를 위해서 남을 위해서 그것이 남은 여정에 내가 해야 할 사명이다.

춤을 추면서 오늘 내가 사는 이유를 알게 된다. "마지못해 산다. 어쩔 수 없어서 산다."라는 말은 무책임한 말이다. 사람이 이 땅에 태어난 목적 이유가 분명히 있다고 생각한다. 그것이 아주 조그마한 일이라 하더라도 그 사람이 있을 동안 최선을 다해 정성을 다해야 한다면 그것은 살아가는데 충분한 이유가 있다고 생각한다. 내가 살아가는 이유는 나를 기쁘게 하고 남을 행복하게 하는 것이다. 다행히 훌라댄스는 미소를 머금고 춤을 추기 때문에 자연스럽게 도와준다. 연습이 필요한 만큼 그렇게 살고 싶다면 그렇게 변하는 것이다.

춤을 추면서 나의 일상에 계속 성장하고 있는 나를 발견하게 된다. 무엇인가를 배우는 것 보다 가르치는 것이 얼마나 어려운지를 안다. 배우는 것은 수동적인 자세인데 가르치는 것은 능동적인 자세이다. 준비하지 않으면 아무것도 설명할 수 없다. 알고 있는 것을 다른 사람이 이해할 수 있도록 설명해 주어야 한다. 그래서 더 많이 연구면서 생각한다. 그것이 나를 성장하게 하는 원동력이 되는 것이다.

춤을 추면서 소통하며 외롭지 않게 살면서 활력을 얻는다. 나이 들어 특히 소속된 공동체가 없다면 혼자서 늙어 간다. 사람들은 만나면서 활력을 얻게 되고 에너지를 주고받을 수 있다. 가르치면서 자연스럽게 만나게 되고 보이지 않은 긍정적인 시선을 통해 무언가 모르는 활력을 얻게 된다. 내가 쓸모있는 존재라는 사실을 느낀다. 누군가의 인정을 받게 되면 더 주고 싶고 더 하고 싶은 것이다. 이렇게 주고받는 느낌이 점점 쌓이게 되면 얼마나 행복할까? 생각한다. 그래서 오래오래 하고 싶은 것이다.

춤을 추면서 나라는 주체성을 만들어 일관성 있게 살아갈 수 있다. 훌라댄스를 가르치는 사람으로 춤을 추는 사람으로 나를 재조명하며 그렇게 만들어간다면 내가 만들어질 것이다. 그것이 내가 만들어야지 하면서 애를 쓰지 않아도 그 길을 묵묵히 걸어가면서 일관성 있게 살아간다면 나라는 자부심이 만들어질 것이다. 내가 추고 싶은 방향대로 즐겁게 살아가는 것이다.

훌라댄스는 내 첫사랑이자 끝 사랑이다. 돌이켜보면 적성에 가장 잘 맞고 가장 잘하는 훌라댄스의 매력에 빠져 나는 인생 2막을 살아가고 있다. 희망하는 100세까지 추지 못할 수도 있지만 내 인생 다할 때까지 계속 쭉 추고 싶다는 나의 간절한 소망이 있다. 꼭 그렇게 되지 않아도 괜찮다. 중요한 것은 그 길을 가고 있고 현재, 훌라댄스를 열심히 추고 가르치고 있다는 사실이다. 홀라댄스가 내 일상을 바꾸어 놓은 것처럼 내 미래도 서서히 바꾸어 갈 것이다. 내가 주인공이 되어 인생을 주도적으로 살아가고 끝까지 건강하고 행복하게 성장한다면 그보다 더할 나위는 없다. 내가 원하는 삶이 그대로 이루어지길 바라며 그 삶을 향해 하루하루 노력할 뿐이다.